윤관

글쓴이 **이동렬**

1950년 경기도 양평에서 태어났다. 1979년 한국일보 신춘문예에 동화〈봄을 노래하는 합창단〉이 당선되었다. 세종아동문학상, 불교아동문학상, 이주홍아동문학상, 올해의 작가상 등을 수상했으며 대학에서 문예창작을 가르치고 있다. 지은 책으로 《외눈박이 덕구》《마지막 줄타기》《꽃밭에 내려온 달님》《달님을 사랑한 굴뚝새》《알알이 여물어요》《봄을 준비해요》들이 있다.

감수자 **김순자**

1960년 경주에서 태어나 연세대학교 사학과를 졸업하고, 연세대학교, 방송대학교, 인덕대학교에서 학생들을 가르쳤다. 논문으로〈고려말 동북면의 지방 세력 연구〉〈원 간섭기 민의 동향〉〈고려말 대 중국 관계의 변화와 신흥 유신의 사대론〉들이 있다.

윤관

우리가 잊지 말아야 할 나라를 지킨 장군 4

개정1판 1쇄 인쇄 | 2019년 9월 23일
개정1판 1쇄 발행 | 2019년 9월 27일

지 은 이 | 이동렬
감 수 자 | 김순자
펴 낸 이 | 정중모
펴 낸 곳 | 파랑새
등   록 | 1988년 1월 21일 (제406-2000-000202호)
주   소 | 경기도 파주시 회동길 152
전   화 | 031-955-0670   팩   스 | 031-955-0661~2
홈페이지 | www.bbchild.co.kr
전자우편 | bbchild@yolimwon.com

ⓒ 파랑새, 1999, 2002, 2007, 2019
ISBN 978-89-6155-870-9 74910
       978-89-6155-866-2 (세트)

• 책값은 뒤표지에 있습니다.
• 출판사의 허락 없이 이 책의 일부 또는 전체를 인용하거나 발췌하는 것을 금합니다.
• 본 도서는 파랑새〈인물로 보는 한국사〉시리즈를 재편성한 도서입니다.

어린이제품안전특별법에 의한 제품 표시
제조자명 파랑새 | 제조년월 2019년 9월 | 제조국 대한민국 | 사용연령 10세 이상

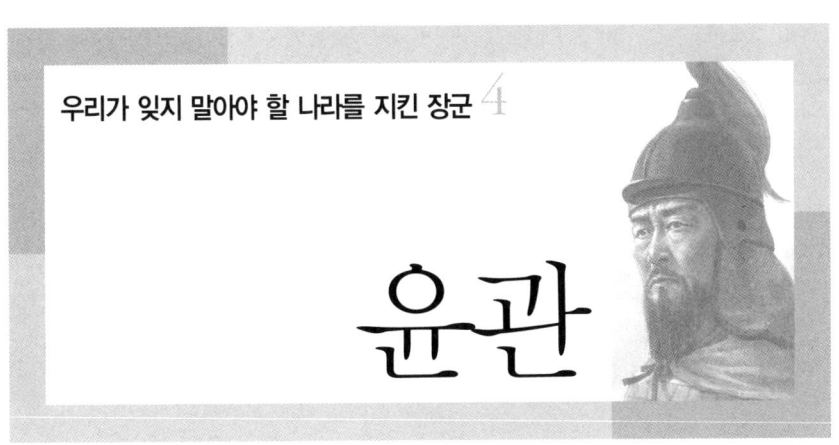

우리가 잊지 말아야 할 나라를 지킨 장군 4

윤관

이동렬 글 | 김순자 감수

파랑새

추천사
삶의 등대가 되어 주는 역사 인물

'도로시'라는 미국의 교육학자는 '아이들은 사는 것을 배운다'라는 유명한 시를 남겼습니다. 그 내용은 다음과 같습니다.

만일 아이가 나무람 속에서 자라면 비난을 배웁니다.
만일 아이가 적개심 속에서 자라면 싸우는 것을 배웁니다.
만일 아이가 비웃음 속에서 자라면 부끄러움을 배웁니다.
만일 아이가 수치심 속에서 자라면 죄의식을 배웁니다.
만일 아이가 관대함 속에서 자라면 신뢰를 배웁니다.
만일 아이가 격려 속에서 자라면 고마움을 배웁니다.
만일 아이가 공평함 속에서 자라면 정의를 배웁니다.
만일 아이가 인정 속에서 자라면 자기 자신을 좋아하는 것을 배웁니다.
만일 아이가 받아들임과 우정 속에서 자라면 세상에서 사랑을 배우게 됩니다.

이 아름다운 시처럼 우리들의 아이들은 끊임없이 세상에서 무엇인가 배우고 있습니다. 자라나는 아이들에게 사는 것을 배우게 하는 가장 좋은 방법은 무엇일까요? 그것은 아마도 우리나라가 낳은 조상들 중에서 훌륭한 업적을 이룩하신 역사적 인물들을 배우고 그 인물들을 통해서 그들의 애국심과 남다른 인격을 본받는 것입니다. 지금까지 어린 아이들을 대상으로 하는 위인전은 많이 있었지만 이번에 발간한 인물 이야기처럼 이제 막 인격이 성숙하기 시작하는 초등학교 고학년에서부터 사춘기에 이르는 중학생을 상대로 한 인물 역사책은 거의 없었던 것으로 알고 있습니다. 사실 이런 책들은 역사를 인식하고 역사적 인물을 이해할 수 있는 연령을 대상으로 하였을 때, 비로소 그 빛을 볼 수 있다고 생각합니다.

꼭 알아야 할 역사적 인물을 선정해서 발간하는 이 책은 우리 아이들에게 무한한 자부심과 희망과 꿈을 키워 줄 것입니다.

그리고 이 책은 역사학자들의 철저한 감수와 고증을 거쳐 역사적 사실이 흥미 위주로 과장되거나 주관적인 해석으로 왜곡되지 않고 정확하게 전달되도록 온 힘을 기울였습니다.

존경하는 인물을 한 사람 가슴에 품고 자라난 아이들은 가슴 속에 하나의 등대를 갖고 있는 항해사와 같습니다. 아이들의 먼 인생 항로에서 언제나 꺼지지 않는 등불이 되어 절망과 역경에 이르렀을 때도 그 앞길을 밝혀 주는 희망의 등불이 될 것입니다.

자라나는 아이들은 미래의 희망입니다. 그들에게 사는 것을 가르치기 위해서는 아이들이 살아갈 조국, 내 나라 내 땅을 위해 땀과 피와 목숨을 바친 훌륭한 역사적 인물들의 씨앗을 우리 아이들의 가슴 속에 뿌려 주는 일일 것입니다. 그 씨앗은 아이들 가슴 속에서 무럭무럭 자라나 마침내 아름다운 꽃과 무성한 열매를 맺게 될 것임을 저는 의심치 않습니다.

이어령 전 문화부 장관

지은이의 말

　어느 나라고 그 나라를 위해 몸을 바친 위인들은 많습니다. 우리나라에도 우리가 우러르고 그분들의 행동을 본받을 만한 위인은 참 많습니다.
　그런데 외국 위인과 우리나라 위인들을 비교해 보면 조금 색다른 점을 발견할 수가 있습니다.
　서양의 위인들은 문화 방면에 종사한 분들이 많은데 비해, 우리나라의 위인들은 총과 칼을 가지고 외적을 무찌른 사람들이 많다는 사실입니다. 이는 서양의 여러 나라들은 남의 나라 침략을 덜 받았지만 우리나라는 그만큼 남의 나라 침략을 많이 받았다는 것을 증명해 주고 있는 셈이지요.
　우리뿐 아니라 처지가 비슷한 동남아시아에 나가 봐도 그 나라 독립을 위해 애쓴 분들이 국민들의 추앙을 받고 있다는 사실을 금세 알 수 있습니다.

거기서 더 들어가 보면 우리나라 위인들 중에는 외적의 침입을 막아 낸 분이 대부분이지, 이번에 소개하는 윤관 장군처럼 다른 민족을 정벌한 위인의 예는 아주 드뭅니다.

압록강과 두만강 북쪽인 만주벌을 여행하는 사람이라면 한 번쯤 그 넓은 들이 우리나라 땅이라면 얼마나 좋을까 하는 생각을 합니다. 그 넓은 벌에 고조선 시대부터 고구려 때까지 우리 조상들이 살았다고 생각하면 더욱 그렇지요. 그런 땅을 우리나라 역사상 정벌하려 나섰던 이가 바로 고려 예종 때 살았던 윤관 장군입니다.

그렇기 때문에 윤관이 그 어떤 위인보다도 더 돋보이는 것이지요.

윤관은 파평 윤씨의 시조인 태시공 윤신달 장군의 4대 손으로 태어났습니다. 그는 벼슬길에 나간 한참 후인 1104년에 추밀원사로서 동북면 행영병마도통사가 되어 여진을 정벌하다가 실패하였습니다.

그러나 이에 주저하지 않고 별무반을 창설하여 군대를 양성, 예종 2년인 1107년에 여진 정벌군의 원수가 되어 부원수 오연총과 함께 동북계에 출전하여 여진족을 무찌르고 9개의 성을 쌓은 후 개선하는 등 자랑스러운 일을 해냈습니다.

윤관 장군의 이야기는 영토를 넓히기 위해 북으로 북으로 말을 달린 고려인의 기상을 느끼게 해 줄 것입니다.

이동렬

차례

추천사　　　　　　　　　　　　5
지은이의 말　　　　　　　　　　8

1. 파평현에서 태어난 보통 아이　　12
2. 사신이 되어 요나라로　　　　　23
3. 다시 송나라로　　　　　　　　37
4. 태자의 스승이 되어　　　　　　51
5. 주전 도감에 관계하다　　　　　63
6. 남경 건설 책임자　　　　　　　74
7. 귀찮게 구는 여진족　　　　　　87

8. 여진족과의 첫 싸움에서 진 윤관 　　107
9. 별무반 양성 　　119
10. 새 임금의 신임 　　134
11. 막오른 북벌 　　144
12. 울리는 북소리 　　155
13. 9성을 쌓으며 　　167
14. 9성 쌓기의 완성 　　183
15. 돌려준 9성 　　196
16. 외롭게 지는 별 　　207

1. 파평현에서 태어난 보통 아이

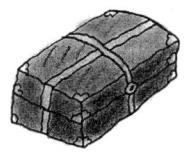

    윤관은 경기도 파평현(지금의 경기도 파주군)에서 태어났다.

    윤관이 태어난 파평현은 원래 파평 윤씨의 시조 윤신달 장군이 태어난 곳이다. 윤관은 윤신달 장군의 5대 후손으로 그 곳에서 보통 아이들과 똑같이 태어났다.

    파평 윤씨의 시조이며 윤관의 5대 할아버지 태사공 윤신달은 고려 태조 왕건을 도와 삼국을 통일한 사람이다.

    윤신달이 태어난 데 대해서 이런 전설이 전해 내려오고 있다.

    신라 진성왕 7년인 서기 893년 음력 8월 15일에 파평현 늘노리에 사는 윤씨 할머니가 부근에 있는 큰 연못(지금의 용연)으로 빨래를 하러 갔다.

    윤씨 할머니가 열심히 빨래를 하고 있는데 갑자기 바람이 몰아치더니 연못에서 옥으로 된 상자가 떠올랐다.

    할머니는 그 상자를 건져 내려고 하였으나 상자는 연못 가운데로 자꾸만 밀려 들어갔다.

    그래서 빤히 쳐다보면서도 건지지 못하고 있는데 다행스럽게도

그 상자가 다시 연못 가로 밀려 나와 할머니가 건져 낼 수 있었다.

할머니는 조심스럽게 그 옥상자를 열어 보니 그 안에는 어린 사내 아이가 들어 있었다.

할머니는, 그 옥동자를 품에 안고 와 기르면서 자기의 성을 따 '윤'씨로 성을 정하고, 이름을 '신달'로 지어 줬다.

할머니는 그 어린 아이의 얼굴이 용의 모양을 닮았고, 양쪽 어깨에는 붉은 사마귀가 있었는데 그것은 해와 달을 상징하는 듯했다고 한다.

또 양쪽 겨드랑이에는 비늘이 81개나 돋아 있었으며 발에 있는 검은 점 일곱 개는 북두칠성의 형상과 같았다고 한다.

윤신달은 용연 부근에 사는 윤씨 할머니 집에서 자라나면서 학문을 익혔다. 그리고 파평산에 올라가 무술을 연마했다.

그가 어른이 되었을 때는 어느 재상 집에 들어가 지내게 되었다.

그 시기에 극심한 가뭄으로 곡식이 타서 농민들의 걱정이 심하자 조정에서는 비를 내려 달라고 기우제를 지내게 되었다.

나라에서는 기우제 때 읽을 제문을 재상에게 지으라고 했는데 좋은 글귀가 생각나지 않아 애를 먹고 있었다.

그 때 태사공 윤신달이 다음과 같은 글을 지어 보였다.

임금과 신하에게 죄가 있어 재앙을 주신다면 마땅히 달게 받겠지만 어찌 무지한 초목을 태워 목마르게 하시나이까.

이 글을 본 재상은 무릎을 탁 쳤다.

"네가 나보다 낫구나. 내 그 글귀를 인용하여 제문을 지어 바쳐야겠다."

재상은 윤신달의 글귀를 인용하여 제문을 지었다.

그리고는 윤신달을 관직에 추천했다고 한다.

그 당시는 신라 말기라 나라가 무척 어지러웠다.

정치의 규율과 질서가 무너지고 백성들에게서 세금을 너무 많이 거두어들였다. 생활이 어려워진 백성들은 여기저기서 들고 일어났다.

궁예도 그 중의 하나였다. 궁예는 송악 (개성)에서 일어나 후고구려를 건국하고 그 세력을 강원도, 평안도, 황해도까지 넓힌 후, 수도를 강원도 철원 평야로 옮겼다.

궁예는 성격이 몹시 포악하여 정치를 마음대로 했을 뿐만 아니라 사람을 마구 죽여 백성들은 공포에 떨었다.

백성들의 마음이 모두 궁예를 떠나 있는데도 그는 아랑곳하지 않고 궁중에서 사치와 향락에만 빠져 있었다.

부하들은 이를 보다못해 들고 일어났다. 윤신달, 홍유, 복지겸, 배현경, 신숭겸 등은 다른 동료들과 협력하여 궁예를 내쫓고 왕건을 국왕으로 추대하였다.

궁예는 궁중을 빠져 나가 도망치다가 평강 산골에서 백성들에게 붙잡혀 죽음을 맞이하게 된다.

왕건은 나라 이름을 '고려'라고 고치고 수도도 송악 (지금의 개성)으로 옮겼다.

그리고는 자리가 잡히자 후백제를 쳤다. 그 때마다 윤신달은 왕건과 함께 싸움터에 나가 용감히 싸웠다. 그래서 크고 작은 공을 많이 세웠다.

신라의 마지막 왕 경순왕은 쓰러지는 나라를 다시 일으킬 수 없음을 알고 왕건에게 나라를 바치고 말았다. 그 해가 왕건이 고려를 세운 지 18년이 지난 서기 935년이었다.

왕건은 그 후 후백제의 신검과 싸워 이겨서 서기 936년에 드디어 삼국을 다시 통일하였다.

그러니까 윤관은 고려 초기 왕건의 부하였던 윤신달의 후손으로 태어난 것이다.

그는 크면서 자연히 조상들의 그런 얘기를 많이 듣고 가르침을 많이 받았다.

"나도 조상님들처럼 훌륭한 사람이 되어 나라를 튼튼히 지켜야겠다."

윤관은 조상들의 훌륭한 얘기를 들을 적마다 혼자 중얼거리며 마음을 다지곤 했다. 옛날 사람들이 대부분 그랬듯이 윤관도 어려서부터 한문 공부를 했다.

윤관은 어릴 때부터 공부하기를 좋아했다. 그래서 어린 나이에 이미 〈사서오경(四書五經)〉을 읽었다.

그리고 열 살이 넘어서면서부터는 군사에 관한 〈손자병법〉 같은 책을 많이 읽었다.

어느 날이었다.

아버지의 손님이 윤관의 집을 방문했다.

손님과 얘기하던 윤관의 아버지는 열어 놓은 문으로 보이는 뽕밭을 가리키며 윤관에게 말했다.

"애야, 저기 뽕나무밭이 보이느냐?"

"예, 보입니다."

"그럼 저 뽕나무를 소재로 해서 시를 한번 지어 봐라."

"예, 그러겠습니다."

윤관은 대답을 하면서도 몹시 당황하였다. 그도 그럴 것이 갑자기 뽕나무에 대해서 시를 지으라니 그럴 수밖에 없었다.

윤관은 눈을 지그시 감고 한참 생각에 잠겼다. 그런 다음 붓에 먹물을 듬뿍 찍어 흰 종이 위에 다음과 같이 써 내려갔다.

葉養天蟲防雪寒 (엽양천충방설한)
枝爲强弓射犬戌 (지위강궁사견술)
名雖草木眞國寶 (명수초목진국보)
莫剪莫折誡兒童 (모전모절계아동)

위 한문으로 된 시를 우리글로 옮기면 다음과 같은 뜻이 된다.

윤관

뽕나무 잎은 누에를 길러 추위를 이기게 하고
가지는 굳센 활을 만들어 오랑캐를 쏠 수 있다.
이름은 비록 초목에 지나지 않으나 국보와 같구나.
베거나 꺾지 말라고 아이들에게 타일러야겠다.

윤관이 지은 시를 보고 손님은 깜짝 놀랐다.
"어린 네가 우리도 생각하기 어려운 시를 지었구나."
"앞으로 더 갈고 닦으면 아주 훌륭한 문장가가 되겠구나."
손님은 칭찬을 아끼지 않았다.
윤관은 공부만 잘하는 게 아니었다. 그는 무술을 연마하는 데도 남한테 지지 않았다.
'나라를 지키려면 공부도 잘해야 되지만 무술을 잘해야 돼. 그래야 적과의 싸움에서 이길 수 있어.'
윤관은 훌륭한 장수가 되고 싶었다. 그래서 시간만 나면 활쏘기 연습과 칼 쓰는 연습도 했다. 뿐만 아니라 말타는 연습도 게을리하지 않았다.
"얏! 얍! 얍! 야앗!"
그는 금강사 근처의 산비탈을 말을 타고 이리저리 달리며 칼을 휘둘러 댔다.
비탈에 서 있는 굵은 소나무나 참나무들을 적군이라 여기고 무술

연습에 여념이 없었다.

그 결과 그의 무술 솜씨는 글공부에 뒤지지 않게 발전했다.

말발굽 소리와 함께 소년 윤관의 다부진 꿈도 커 갔다.

2. 사신이 되어 요나라로

윤관은 스무 살이 넘자 더 열심히 학문에 심혈을 기울였다.
"우선 과거 시험을 보자. 시험에 합격하여 벼슬길에 나가자. 그래서 조상님들처럼 나라에 이바지하는 훌륭한 재목이 되자."

윤관은 자꾸 침범하는 여진족을 무찌르기 위해서는 무관이 되고 싶었다. 하지만 먼저 문관이 되어 벼슬길에 나간다면 여진족을 무찌르는 기회는 얼마든지 있을 것 같았다.

그는 무술에도 뛰어남을 보였지만 글공부에도 재주가 있었다. 그리고 늘 그의 손엔 책이 들려 있었다.

윤관은 밤을 낮삼아 시간 가는 줄 모르고 공부에 열중했다.
"여보, 이제 그만 주무시지요. 과거도 중요하지만 그러다가 당신 건강을 해칠까 염려되는군요."

부인이 걱정어린 눈빛으로 말했다.
"내 걱정은 말고 당신 먼저 자구려. 집안일 하느라고 피곤할 텐데 말이오."

윤관은 책에서 눈을 떼지 않고 대꾸했다.

그는 부인이 잠든 후에도 꽤 오랫동안 책을 읽다가 책상에 엎드려 잠이 들었다.

그러기를 몇 달 며칠을 했는지 모른다.

그 결과 윤관은 문종 때에 '진사시'에 합격했다.

'진사시'란 고려 시대의 시험 제도 중의 하나로 제술업을 말하며, '제술'이란 시나 글을 짓는 것을 일컫는다. 서기 958년 (광종 9년), 과거 제도의 실시와 더불어 시작되었는데 시(詩), 부(賦), 송(頌) 및 시무책(時務策) 등을 시험하였다.

'부'는 대구(對句) 형식으로 각운을 가지는 한문 문체의 한 가지를 말한다.

또 '송'은 공덕을 찬양하여 기리는 글로 당시의 중요한 문제를 어떻게 해결하는 것이 좋겠는가를 묻는 시험이다.

이 진사시 제도는 덕종 때에는 국자감시로 발전하여 감시의 시초가 되었다.

윤관은 진사시에 만족하지 않았다.

"이제는 됐구나. 하지만 이것으로 만족할 수는 없지. 이 진사시보다 더 수준 높은 시험인 명경과에 응시해야겠구나. 그래야 내 뜻을 제대로 펼 수 있을 거야."

윤관은 진사시에 합격한 날부터 다시 명경과 시험 볼 준비를 하였다.

'명경과'란 고려 시대 유교 경전을 시험하던 과거의 한 분과를 말한다. 과거 시험 중 가장 어려운 분과로 시험 과목은, 시경, 서경, 주역, 춘추, 예기 등이다.

이 시험은 초시, 회시, 복시의 세 차례에 걸쳐 시험을 본 후 통과된 자에게는 합격을 허가하는 증거로 붉은 패를 주었다.

윤관은 열심히 공부한 결과 명경과에 합격했다.

그는 과거에 합격한 후 곧 벼슬길에 나갔다. 그 후 그는 별탈 없이 벼슬길로 나가 마흔 살이 가까워서는 '보궐'이라는 높은 직위까지 올랐다.

당시 고려는 아직 정치적으로 안정되지 않았다.

왕건이 고려를 건국한 후 항복해 온 신라와 후백제의 관리나 귀족들을 받아들여 그들을 관리로 임명한 후 그들에게 토지를 나누어 주었다.

고려 초에는 지방의 호족에게는 자치권을 주는 대신에 그들의 아들을 개경에 머물게 하여 볼모로 잡는 제도를 취했다.

그리고 중앙의 공신들을 자기 고향으로 보내 그 지방을 다스리도록 하였다. 그런 가운데 왕건이 죽자 강력한 호족과 개국 공신들 사이에 세력 다툼이 벌어졌다.

왕건의 뒤를 이어 혜종이 고려 2대 왕에 올랐으나 그는 2년 만에 죽었다. 3대 정종도 외척 세력과 공신 세력을 벗어나기 위해 평양으로 도읍을 옮기려고 했으나 갑자기 죽고 말았다.

4대 광종은 왕권 강화를 위해 외척과 개국 공신들을 많이 숙청했으며, 과거 제도를 실시하여 많은 인재를 뽑아 썼다.

그 후 여러 왕을 거치는 사이에 조상의 덕에 의거하여 그 자손을 관리로 임명하는 음서 제도가 생겨났다. 음서 제도는 귀족들이 자손 대대로 관리가 되어 권력을 차지하게 하고 경제적으로 부유하게 해 주는 제도였다.

과거와 음서를 통해 나온 관리들은 차츰 정치 세력을 구축하고 중요 관직을 독차지하기 시작했다.

그들 중 대표적인 문벌이 이자겸의 인주 이씨, 윤관의 파평 윤씨, 최충의 해주 최씨, 박인량의 평산 박씨 등이다.

농민들은 조상으로부터 물려받은 토지를 일구며 살아갔다.

하지만 농민들이 국가와 지배층에게 바쳐야 하는 세금, 공물, 부역은 무거웠다. 거기다 엎친 데 덮친 격으로 홍수와 가뭄이 들어 백성들을 괴롭혔다.

그런 가운데 왕권 다툼은 백성들을 몹시 불안하게 했다. 그 중 백성들을 더욱 불안하게 한 것은 외적의 침범이었다. 북쪽 지방에는 거란이 일어나 발해를 멸망시켰다.

거란은 남쪽으로 세력을 뻗어 북경 근처까지 차지하였다.

고려는 옛 고구려의 영토를 되찾고자 꾸준히 북방 정책을 썼고, 거란은 거란대로 만주를 차지한 뒤 내려와 고려와 부딪쳤다. 그러니 사이가 좋을 리 없었다.

거란은 고려와 송나라와의 외교 관계를 차단시키려고 10세기 후

반에 세 차례에 걸쳐서 쳐들어왔다.

이 때 서희 장군이 수십만 군대를 이끌고 쳐들어온 거란의 소손녕과 외교적인 담판을 벌여 성공했다.

송나라와의 관계를 끊고 거란을 적대시하지 않겠다는 조건이었다. 서희는 거란군을 물러나게 하고 오히려 압록강 동쪽의 강동 6주를 차지하는 성과를 얻었다.

그 무렵 고려에서는 강조 장군이 정변을 일으켜 목종을 폐하고 현종을 모셔 세웠다.

그러면서 송과는 계속 교류를 하였다.

그러자 거란의 성종은 강조의 죄를 구실삼아 직접 40만 대군을 이끌고 쳐들어왔다.

그 결과 고려 도읍인 개경이 함락되자 현종은 나주까지 피난을 가야 했다.

그 후 거란은 고려 왕이 친히 찾아 오지 않는다는 구실로 소배압이 쳐들어왔으나 강감찬 장군에게 크게 패했다.

고려는 북방 민족의 침입을 막기 위해 압록강 입구에서부터 동해안의 도련포에 이르기까지 천리 장성을 쌓았다. 이는 거란뿐 아니라 여진족의 침략에 대비하기도 한 것이었다.

이런 와중이었으니 고려 백성들의 불안함은 물론, 어려운 생활은 말할 수도 없었다. 지금처럼 곡식을 많이 나게 하는 기술이 발전된 것도 아니고 옷감이 흔한 것도 아니었으니 말이다.

1094년, 고려의 14대 왕 헌종이 왕위에 올랐다.

왕이라고는 했지만 11세의 소년이었으므로 나라를 제대로 다스릴 수가 없었다.

그래서 왕의 어머니가 정사를 돌봤다.

"어린 임금이 병까지 들었으니 앞날이 걱정이다. 임금 자리를 노리는 자들이 많으니 말이다."

당시 중추원사 벼슬자리에 있는 이자의란 사람이 그의 심복에게 낮은 소리로 말했다.

"그러하오면 어찌 되지요?"

심복이 이자의의 귀에 바싹 대고 물었다.

"만약을 대비해서 남들이 모르게 무리를 모아 훈련을 시키도록 해라."

"예예, 명령대로 거행하겠습니다."

이자의의 심복은 그제야 말뜻을 알아채고 허리를 굽신거린 다음 물러갔다.

그러나 그런 낌새를 눈치채고 예의 주시하는 사람이 있었다.

그가 바로 헌종의 작은 아버지 계림공이었다.

'어린 조카 임금이 병들었으니 만약에 큰일이 나면 내가 임금자리에 앉아야지. 나는 어릴 때부터 책도 많이 읽으며 공부를 열심히 했으니까 나라 다스리는 데도 자신 있어. 어린 임금보다는 몇 배 낫게 다스릴 수 있지. 그런데 저 이자의란 자가 무슨 꿍꿍이속

인지 수상하단 말이야.'

계림공은 날카로운 눈매와 뛰어난 머리로 이자의를 경계하기 시작했다.

그러던 어느 날, 계림공은 한 부하를 불러 나직이 말했다.

"이자의를 조심해라. 저 자가 지금 한산후를 왕위에 올리기 위해 비밀리에 군사를 모으고 있다. 만약 저자가 음모를 꾸며 한산후를 왕위에 앉히게 되면, 우리는 영영 외척의 세력에 눌리고 만다. 그러니……."

"그리하오면?"

"그러니 우리 측에서 먼저 손을 써야 한다. 저 자를 쥐도 새도 모르게 없애는 수밖에 없다."

"알겠습니다. 계속 감시하겠습니다."

계림공의 부하는 입술을 꾹 다문 채 물러갔다.

계림공의 예상은 맞아떨어졌다. 1095년 이자의는 헌종을 쫓아내고 한산후를 왕위에 올리기 위해 대궐 안에 군사를 모았다.

이를 눈치챈 계림공은 소태보 재상을 찾아가 이자의를 누르기 위한 작전을 의논했다.

소태보는 군사를 움직여 반란군을 진압했다.

이자의는 자객 고의화에게 살해되었다. 이렇게 되자 헌종은 있으나마나 한 임금이 되었고 계림공의 위력은 하늘을 찔렀다.

1095년, 조선 시대 수양대군처럼 조카의 왕위에 오른 계림공이

고려 15대 임금 숙종이다.

  숙종은 자기가 왕이 되었음을 알리기 위해 중국 요나라에 사신을 보내기로 했다.

  요나라는 거란족이 세운 나라였다.

  그 무렵 요나라는 중국 대륙에서 송나라와 힘을 겨루고 있었다. 그렇기 때문에 요나라는 고려가 송나라와 힘을 합쳐 자기들을 위협할까 봐 늘 신경을 곤두세우고 있었다. 고려는 속으로 생각하기에는 문화가 발전한 송나라와 사대 관계를 맺고 싶었다. 하지만 송나라가 요나라에 밀려 힘이 약했고, 또 먼 바다 건너에 있었으므로 어쩔 수 없이 송나라와의 관계를 멀리하고 요나라와 사대 관계를 맺었다.

  고려에서는 짐승의 나라라고 업신여기던 거란족이라 자존심이 상했으나 어쩔 수 없는 일이었다. '사대' 란 '작은 나라가 큰 나라를 섬긴다.'는 것인데, 그 무렵 고려뿐 아니라 중국이나 거란족이 세운 요나라 등 중국 문화의 영향권 아래에 있는 동아시아 여러 나라들에게는 지켜야 할 기본적인 가치관 중의 하나였다.

  이 때 사대를 받는 큰 나라는 대체로 중국을 통일한 왕이 다스리는 나라였다. 그 형식은 고려는 새 왕이 즉위하면 중국의 요·송·금 나라에 사신을 보내어 승인을 받았다. 그러면 그것을 근거로 고려 왕위가 정당화되었다.

  그리고 중국에서도 고려 왕 생일처럼 특별한 일이 있을 때는 축하 사신을 보냈다.

윤관은 임의라는 사람과 함께 요나라로 떠나는 사신에 뽑혔다.

윤관은 한 번도 사신으로 다른 나라를 다녀온 적이 없었지만 문장도 뛰어나고 군사적인 면에도 밝아서 뽑히게 되었다.

윤관은 임의와 같이 1095년 가을에 일행을 이끌고 요나라로 들어갔다.

요나라의 벌판은 끝없이 넓었다. 가도가도 꼭 바닷가 갯벌 같은 구릉지가 한없이 이어졌다.

"야, 참 넓기도 하네요!"

동행한 임의도 같은 생각을 하였다.

"그러게 말입니다. 이렇게 넓은 땅이 예전에는 다 우리 것이었겠지요?"

"그렇지요. 고구려 때 이 곳을 지배하던 민족은 우리 조상이었지요. 지금도 그 때 말발굽 소리가 들리는 것 같지 않습니까?"

"이 땅을 우리가 다시 찾아야 할 텐데……."

윤관과 임의는 만주벌을 지나며 감회에 젖은 눈빛을 주고받았다.

새로운 느낌이 들기는 같이 가는 일행들도 마찬가지였다.

지금도 이 넓은 땅을 고구려 때처럼 차지하고 있다면 요나라 눈치를 보지 않아도 될 텐데 하는 생각이 들었다.

윤관 일행은 여러 날 걸려 요나라 수도에 닿았다.

궁궐에 들어가 요나라의 임금 도종을 만났다.

"이번에 고려에서는 새로운 왕 숙종이 왕위에 올랐습니다. 그래서 그 사실을 알리고자 이렇게 왔습니다."
윤관은 새 왕이 즉위했음을 알리는 외교 문서를 내밀며 말했다.
"그랬소? 먼 길을 오느라고 너무 수고가 많았구려. 그래 새 왕도 우리 요나라와 가깝게 지낼 것이지요?"
"그렇습니다. 앞으로는 예전보다 더욱 요나라와 가까이 지내실 것입니다."
윤관은 예의를 갖춰 공손하게 대답했다.
요나라의 도종은 고려가 송나라와 친해질까 봐 은근히 떠보는 것이었다. 이에 그런 사실을 다 아는 윤관은 도종을 안심시키기 위해 애를 썼다.
요나라가 언제 또 쳐들어올지 모르기 때문이었다.
윤관과 임의 일행은 요나라의 도종이 고려를 믿게끔 안심시켰다.
윤관 일행은 요나라의 수도에서 머물며 이모저모를 눈여겨봤다.
그 중에서도 사람들이 동전 모양으로 된 돈을 사용해 물건을 사고 파는 데 많은 관심을 가졌다.

3. 다시 송나라로

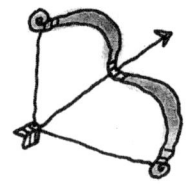

　숙종이 왕위에 오른 지도 어언 삼 년이 되었다.
　숙종은 윤관과 나이가 비슷했다. 그는 왕이 되기 전부터 윤관을 잘 알고 있었다.
　윤관도 숙종이 왕위에 오르기 전인 계림공 시절부터 잘 알고 있었으므로 서로 마음이 통하는 사이였다.
　'윤관은 젊은 나인데도 모든 일을 아주 많이 생각하고 두드려 본 다음에 행동한단 말이야. 참으로 드문 인재야. 그는 글과 무예가 다 뛰어나니 문무를 겸비했다고 할 수 있지. 두 가지를 다 갖추기는 힘든 일인데……. 아무튼 장래가 촉망되는 사람이야. 내가 이다음에 벼슬길에 오르게 되면 나에게 큰 도움을 줄 수 있는 사람이겠어.'
　계림공은 윤관에 대해 호감을 가지고 있다가 왕위에 오르자 그를 아주 소중하게 생각하고 가까이에 두었다.
　그래서 윤관이 임의와 함께 요나라에 사신으로 다녀온 것이다.
　당시 요나라와는 육지로 국경이 닿아 있었다. 또한 함경도 지방까지 내려와 있던 여진족은 기회만 있으면 고려에 침범해 백성을 죽이고 재물을 빼앗아 가기 일쑤였다.

그런가 하면 남쪽 지방은 중국 송나라와 바다로 닿아 있었다.

당시는 항해술의 미숙함으로 송나라의 직접적인 위협을 받지는 않았지만 아주 못 본 체할 수도 없는 처지였다. 그전부터 교류를 해 왔기 때문이다.

북쪽에 새로 일어난 요나라는 그러는 것을 아주 싫어했다.

송나라와 힘을 합쳐 고려가 요나라를 쳐들어올까 봐 걱정이었기 때문이다.

또한 요나라가 먼저 송나라를 치려고 해도 옆에서 고려가 쳐들어 올까 봐 마음이 놓이지 않았다.

숙종 2년 6월에는 송나라 상인 진홍 등 36인이 고려에 왔다. 그리고 그 달에 송나라에서는 고려 사람 세 명을 보내 왔다.

탐라민(제주도 사람) 20여 명이 송나라에 가다가 태풍을 만난 일이 있었다.

그들은 표류하면서 비바람에 옷이 찢겨 거의 헐벗은 채 송나라에 상륙했다. 송나라에서는 소속을 알 수 없는 해적으로 알고 모두 살해하는 사건이 있었다.

그런 가운데 세 명이 기적적으로 살아났는데, 그들을 보내 온 것이었다.

그 해 7월에는 동여진의 도둑 떼들이 배 십여 척을 끌고 원산에 와서 노략질을 하여 피해가 적지 않았다.

이에 동북면(함경남도 영흥 지방) 병마사 김한충이 강극을 보내어 격전 끝에 여진족의 배 세 척을 포획하고 48명의 목을 베었다.

이처럼 어수선한 시대에 계림공은 왕위에 올라 숙종이 되었던 것이다. 숙종 3년이 되던 해인 1098년이었다.

어느 날 숙종은 윤관을 불렀다.

"부르셨사옵니까?"

윤관이 허리를 굽히고 대령했다.

"오! 왔구려. 내 그대를 불렀소. 내 그대를 부른 것은 다름이 아니라……."

숙종이 말을 끊고 주위를 한번 살펴보았다.

"……?"

윤관은 궁금해하며 긴장한 얼굴빛을 보였다.

"지난번에 요나라를 다녀오느라고 먼 길에 고생이 많았는데 이번에도 또 좀 수고해 주어야겠소."

"예! 요나라에 또 가는 이유는 무엇 때문입니까?"

"아아, 요나라가 아니고 이번에는 다른 나라를 다녀와야겠소."

"다른 나라라면……?"

윤관이 말끝을 흐리고 고개를 약간 들며 의아한 표정을 지었다.

"송나라를 좀 다녀와야겠소. 송나라는 예전부터 교류가 잦아 서로 오가며 주고받은 문화가 많은데 아무리 요나라가 강하다 해서

하루 아침에 모른 체할 수가 없구려. 내가 왕위에 오른 것도 알릴 겸해서 수고스럽지만 한번 다녀오시오."

"알겠습니다. 분부대로 거행하겠나이다."

윤관은 다시 한 번 허리를 깊이 굽혀 인사하며 크게 대답했다.

"그대가 정사가 되고, 조규를 부사로 하여 수행원을 인솔해 다녀오시오."

"한 치의 착오도 없이 분부대로 거행하겠나이다."

윤관은 새로운 명을 받고 궁궐을 나왔다.

그리고는 그 날부터 송나라로 떠날 준비를 했다.

윤관은 숙종이 왕위를 이은 연유가 담긴 왕표를 가져다 송나라 임금에게 폐하기 위하여 떠났다.

윤관은 멀고 먼 송나라의 수도를 향해 발걸음을 옮겼다. 지루한 길이었다. 여러 날 만에 송나라의 수도에 이르렀다.

"먼 길에 오느라고 수고가 많았소. 그래 얼마나 피곤하오?"

송나라 임금 철종이 크게 환영하며 물었다.

"괜찮사옵니다. 저희 나라에는 숙종께서 새 폐하가 되셨습니다. 그것을 알리기 위해 저희 폐하께서 친히 쓰신 글월을 가지고 왔습니다."

윤관이 예의를 갖추며 숙종의 친서를 송나라 임금에게 전했다.

"그래요? 듣건대 고려는 요나라와 더욱 친밀하게 지낸다고 하던데요?"

송나라 임금이 친서를 받으며 슬쩍 윤관을 떠보았다.

윤관의 등에서 식은땀이 흘렀다.

송나라 쪽에서 이렇게 나오면 어떻게 대답하겠다고 속으로 몇 번이고 되뇌인 말이 있었지만 말로 하기가 그리 쉬운 일은 아니었다.

윤관은 더욱 공손한 예를 갖추며 천천히 입을 열었다.

"그럴 리가 있겠습니까? 예전부터 교류를 하던 송나라인데요. 요나라와는 육로로 넓게 닿아 있다 보니 박절하게 대하지 못해 왕래가 있을 뿐입니다. 실은 송나라에 벌써 와야 했으나 송나라 오는 길이 막혀 이제야 오게 되었습니다."

송나라 철종은 윤관의 말을 듣고 고개를 끄덕였다.

그리고 매우 기뻐하며 너털웃음까지 웃어 보였다.

윤관은 송나라에서 융숭한 대접을 받으며 지냈다.

그는 거기서 지내는 짧은 기간에도 편히 쉬지 않고 이곳저곳을 돌아다니기를 좋아했다. 그러면서 새로 보거나 들은 송나라의 문물을 적고 알아보려고 애썼다.

"조 부사, 우리 송나라의 군사 제도에 대해서 자세히 알아보고 돌아갑시다. 아마 그러면 우리 나라에도 많은 도움이 될 거요."

윤관은 부사로 따라간 조규의 귀에 입을 가까이 대고 작은 소리로 말했다.

"윤 정사님, 그거 참 좋은 생각이십니다. 저는 미처 그 생각을 못했군요."

조규도 송나라에 정사로 간 윤관을 자기 상사로 깍듯이 예우해 주었다.

"요나라의 침략을 자주 받고 있는 송나라의 군사 제도를 연구해서 우리 고려에도 활용하면 좋을 거야. 암, 그렇고말고."

윤관과 조규는 자기들을 안내하는 중국 송나라 관리에게 군사 제도에 대해 은근하게 물어 보았다.

"송나라에는 보마법이란 제도가 있다면서요?"

"예, 있지요. 왕안석이라는 사람이 건의하여 실시하고 있는 제도이지요."

"그 제도가 어떤 제도입니까? 대충 얘기만 들어서……."

윤관이 말꼬리를 흐리며 송나라 관리의 표정을 살폈다.

"보마법이란 한 마디로 전쟁 때 요긴하게 쓰이는 말을 많이 기르고 보호하는 법이지요."

송나라 관리는 아무 주저함 없이 설명을 하기 시작했다.

"아, 그런 거군요."

"우리 송나라는 북쪽에 싸움을 좋아하는 요나라와 국경을 맞대고 있지요. 그런가 하면 서쪽에는 서하라는 나라와 맞닿아 있지요. 그러니 언제 어디서 싸움이 벌어질지 모르는 형편입니다."

"듣고 보니 정말 그렇겠네요."

윤관과 조규가 맞장구를 쳐 주었다.

그러자 송나라 관리는 열을 올리며 더 자세히 설명을 했다.

"우리는 국방을 아주 튼튼히 해야 합니다. 국방을 튼튼히 하는 한 방편으로 말을 기르는 것이지요. 싸움터에서는 말이 최고지요."

"그렇겠네요. 말 위에서 칼이나 창, 활을 쓰는 기병을 땅 위에 선 보병이 당하기는 힘들 테니까요."

"그렇고말고요. 싸움터에서는 기병이 최고입니다. 아무리 싸움 잘하는 보병이라도 휘몰아치는 말발굽에는 제대로 대항하기가 쉬운 일이 아니죠."

"그런데 그 말을 어디서, 누가 많이 기릅니까?"

윤관이 슬슬 맞장구를 쳐 주며 슬쩍 떠보았다.

"그게 문제예요. 몇만 마리나 되는 말을 나라에서 목장을 만들어 기르기란 그리 쉬운 일이 아니죠. 우선 관리할 사람과 목장을 꾸려 갈 돈이 문제거든요."

"아, 그렇겠네요. 그러면 어떻게 합니까?"

"우리 송나라에서는 군대의 말을 백성들에게 나누어 주어 기르게 하지요. 나라에서 백성들에게 돈을 주어 기르게 하는 제도입니다. 그러다가 싸움이 나면 말을 기르는 장정들이 그 말을 타고 모이는 제도입니다."

"아, 그렇습니까? 과연 참 좋은 제도군요."

윤관과 조규는 보마법의 자세한 설명을 듣고 깨달은 게 많았다.

'맞다. 강한 군대를 가지려면 기병이 많아야 한다. 그런데 그 많은 말을 한데 모아 기른다는 것은 쉬운 일이 아니다. 송나라 관리의 말대로 집에서 기르다 타고 나오게 하면 된다. 그러면 말과 주인은 오래 서로 같이 살았기 때문에 호흡이 잘 맞을 것이다.'

'그렇구나! 이 보마법을 본떠서 우리 나라에서도 백성들이 말을 많이 기르게 해야겠구나. 그러면 요나라와 동북쪽의 여진족 침입도 충분히 막아 낼 수가 있을 거다.'

윤관은 좋은 제도를 알아서 기분이 좋았다. 하지만 거기서 만족하지 않았다.

군사 제도뿐 아니라 무기 만드는 법도 알아보려고 노력했다.

"송나라에서는 석탄이란 것으로 불을 지펴 철을 녹인다면서요?"

윤관이 슬쩍 말머리를 돌렸다.

"그렇습니다. 석탄은 땅 속에서 캐내는 검은 돌 같은 것인데 그것을 때면 화력이 무척 높지요. 그래서 쇠가 다른 불보다도 잘 녹아 무기나 농기구를 만들기에 아주 편리한 이점이 있답니다."

"그 석탄을 때서 쇠를 녹이는 곳을 저에게 구경시켜 줄 수는 없겠습니까?"

"그러시지요. 한번 가 보시겠습니까?"

송나라 관리는 윤관 일행을 석탄을 써서 병기나 농기구를 만드는 대장간으로 데리고 갔다.

그 대장간에는 석탄이 시뻘겋게 타며 뜨거운 불기운을 내뿜고 있었다.

그리고 그 옆에는 아직 타지 않은 시커먼 돌덩이 같은 석탄이 쌓

3. 다시 송나라로

여 있었다.

"아! 이게 석탄이라는 거군요? 이게 저렇게 타면서 아주 뜨겁고 높은 열을 내는군요?"

윤관 일행은 실제 석탄을 보고 너무 놀랐다. 까만 돌 깨진 것 같은 것이 그렇게 높은 열을 내는 사실에 충격을 받았던 것이다.

'이것은 갖다가 키울 수는 없을까?'

윤관은 순간적으로 엉뚱한 생각을 해 보았다.

그는 시뻘겋게 타오르는 신비스런 석탄을 아주 놀란 눈빛으로 바라보았다.

"참 희한한 땔감도 다 있다. 우리 나라에서는 나무로 땔감을 하는데……. 이런 석탄이 고려에서도 난다면 얼마나 좋겠소."

"누가 아니랍니까. 그러면 병기나 농기구를 만드는 데 아주 요긴하게 쓰일 텐데 말입니다."

윤관과 조규는 부러운 눈빛을 서로 주고받았다.

윤관과 조규는 궁금한 것이 있으면 송나라 관리가 귀찮아할 정도로 물었다. 그리고 고려 것과 조금이라도 다른 것은 자세히 살펴보고 기억해 두었다. 고려에 돌아와 그것을 본떠 새로 만들어 활용하기 위해서였다.

어느 가을날 윤관은 송나라 관리들을 따라 사냥을 가게 되었다.

산에 오른 몰이꾼들은 산을 에워싸고 소리를 지르면서 산짐승을 요란스럽게 몰았다.

그 소리에 놀란 사슴이 산비탈을 달려 내려오는 게 보였다.

그러자 일행 중 한 사람이 말을 타고 달려나가며 활을 쏘았다.

화살은 몇 번 빗나가더니 끝내는 사슴을 맞혔다.

화살을 맞은 사슴은 공중으로 한번 크게 뛰어오르며 비명을 지르더니 앞으로 푹 고꾸라졌다.

"와! 대단한 솜씨다!"

"명궁이다, 명궁이야!"

사람들은 사슴을 잡은 송나라 관리를 입술에 침이 마르도록 칭찬하였다.

그러자 사슴을 잡은 송나라 사람은 겸손해하면서도 어깨를 으쓱해 보였다.

'별것도 아닌 것을 가지고 호들갑스럽게 야단들이네.'

윤관은 속으로 웃었다. 그러면서 기회를 벼르고 있었다.

마침 그 때 또 한 마리의 사슴이 허둥대며 쫓겨 달아나는 게 보였다. 그 사슴을 보자마자 윤관은 신들린 사람처럼 말을 몰아 쫓아갔다. 비호 같았다. 자기 말이 아닌데도 말 다루는 솜씨가 보통이 아니었다.

"아니! 저 사람은 고려에서 온 사신이 아니오?"

"맞습니다. 윤관입니다."

"글만 잘하는 줄 알았더니 무예도 글 못지 않군그래."

"그러게 말입니다. 장수보다도 나은 솜씨인 것 같습니다."

송나라 사람들은 입을 크게 벌린 채 놀란 표정을 짓고 바라봤다.
피융!
윤관이 쏜 화살이 일직선을 그으며 날아가 사슴의 심장을 관통했다. 사슴은 비명도 제대로 못 지르고 그 자리에 쓰러졌다.
그 솜씨를 보고 송나라 관리들은 모두 놀란 듯이 감탄을 하였다. 하루 종일 칭찬이 그치지 않았다.
윤관은 이듬해에 사신으로 간 임무를 잘 마치고 다시 고려로 돌아왔다. 그는 송나라에 다녀온 후 임금의 신뢰를 한몸에 받았다.
숙종은 윤관의 실력을 인정해 벼슬자리를 높여 주었다.

4. 태자의 스승이 되어

　윤관은 요나라와 송나라에 사신으로 다녀온 후 더욱 숙종의 마음을 흡족케 했다.
　숙종은 윤관을 높이 평가했다.
　"윤관은 나이도 나와 비슷해 연륜이 쌓인데다 매사에 빈틈이 없단 말이야. 무예에 뛰어난가 하면 학문에도 그를 당할 자가 그리 많지 않지. 요번에 요나라와 송나라에 사신으로 간 일만 해도 사실은 어려운 외교 문제였는데 탈없이 잘 처리하고 왔단 말이야. 속으로는 은근히 송나라가 요나라와 친하게 지낸다고 단단히 시비를 걸 줄 알았는데……."
　숙종은 혼자 중얼거리며 윤관을 생각했다.
　문무를 겸한 사람을 아무리 찾아봐도 윤관만한 사람이 드물었다.
　'윤관에게 태자를 가르치게 하면 어떨까? 그의 뛰어난 지식이라면 태자를 가르치고도 남을 거야. 거기다 인품 또한 고매하고 무예 또한 뛰어나니 그보다 더 나은 스승은 없지. 자고로 왕이란 학문만 해서도 안 돼. 잘못하면 나약한 왕이 될 수 있거든. 늘 이 나라를 넘보는 외적의 동태를 파악하는 슬기와 지혜, 감각도 터득해야 훌륭한 왕이 될 수 있지. 그래, 태자의 스승으로 윤관을 앉히자.'

숙종은 오랫동안 이모저모를 따지며 깊은 생각에 잠겼다. 그리고는 이내 굳은 결심을 하였다.

"이제 태자를 가르칠 스승을 모셔야겠는데 대신들은 누가 적합한지 추천해 보도록 하시오."

숙종은 많은 대신을 휘둘러보며 천천히 입을 열었다.

"……!"

"……?"

대신들은 전혀 예기치 못한 임금의 말에 얼른 대답을 못 하고 눈만 두리번거렸다.

"윤관이 어떻소? 그의 뛰어난 학문과 인품이라면 충분히 태자의 스승이 될 법한데 말이오."

대신들의 대답을 기다리다 못한 숙종이 답답한 나머지 먼저 말문을 열었다.

"참으로 적절한 인물입니다. 윤관이라면 태자를 아주 훌륭히 가르칠 수 있을 것입니다."

"소인들도 윤관을 생각하고 있었습니다. 그런데 폐하께서 그리 이름을 거론하시니 대찬성이옵니다."

"윤관이라면 문무에 뛰어나니 능히 태자를 훌륭한 인물로 인도할

4. 태자의 스승이 되어

것입니다."

대신들도 모두 적극 찬성하고 나섰다.

"그럼, 여러 대신들도 다 찬성이니 윤관을 태자의 스승인 우간의 대부 한림시강학사에 선정하도록 하시오."

"예, 분부대로 거행하겠습니다."

이렇게 해서 윤관은 1099년부터 숙종의 아들인 태자를 가르치게 되었다. 태자란 현재의 왕을 이어 다음에 왕위에 오를 왕자를 일컫는 말이다.

그렇기 때문에 태자를 가르친다는 것은 한편으로는 무척 영광이지만, 또 한편으로는 그만큼 책임감도 따르는 일이라 무척 어려운 일이었다. 그리고 매우 중요한 일이었다.

윤관은 태자에게 강의를 하기 전에 몸과 마음가짐을 다시 한 번 굳게 먹고 깊은 생각에 빠졌다.

'태자를 가르친다는 것은 나라의 장래를 짊어진다는 것과 다를 바 없다. 태자는 장차 나라를 짊어지실 분인데……. 많은 어려움 속에서도 굴하지 않고 헤쳐 나갈 수 있는 인물로 길러야 한다. 그렇게 하기 위해서 내 열의와 정성을 다 바치자.'

윤관은 어깨가 무거움을 새삼 느꼈다. 어깨가 무거운만큼 각오를 새롭게 했다.

윤관은 태자에게 자기가 아는 한 성심껏 학문을 가르쳤다.

그러면서 역사와 정치에 대해서도 깊이 있게 토론하였다.

윤관

"태자 마마, 마마께서 힘을 떨쳐 옛 우리 조상들이 떨쳤던 기개를 되찾아야 하옵니다."

"그 말씀은 고구려인들의 기개를 말하는 거지요?"

"그러하옵니다. 우리 조상인 고구려 사람들은 압록강, 두만강 이남은 물론 저 너른 만주벌에 말발굽 소리를 내며 온 천지를 호령했습니다. 그런데 지금은……."

윤관의 목소리가 갑자기 가늘게 떨렸다.

태자도 입을 꾹 다문 채 잠시 동안 대꾸가 없었다.

"힘을 길러야지요. 그래서 지금은 거란족과 여진족이 차지하고 있는 우리 조상들의 터전을 되찾아야지요."

"태자 마마, 꼭 그렇게 하셔야 합니다. 아무쪼록 강대해져서 잃어버린 옛 고구려인들의 영토를 모두 되찾아야 합니다. 그래서 우리 민족의 우수성을 다시 한 번 떨쳐야 합니다."

"사부 말씀이 옳습니다. 우리 모두 힘을 합쳐 봅시다. 나 혼자 힘으로 되는 것이 아니니 많이 도와 주십시오."

"그러다마다요. 제 힘 닿는 데까지 열과 성을 다하겠습니다."

윤관이 감격한 표정으로 허리를 굽혔다.

그러면서 눈을 지그시 감았다. 감은 눈 속에는 지난번 요나라에 갔을 때 본 만주벌이 뚜렷하게 떠올랐다.

"참, 사부께서는 지난번 요나라에 사신으로 갔을 때 직접 두 발로 만주벌을 밟아 보지 않았소?"

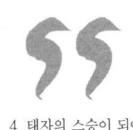

4. 태자의 스승이 되어

"그렇습니다. 그렇지 않아도 지금 그 때의 만주벌이 눈에 보이듯 떠올라 감정을 주체하지 못하고 있었습니다."
"그래 그 때의 느낌과 기분이 어떠했었소?"
"발걸음이 떨어지지 않았습니다."
"발걸음이?"
태자가 그 뜻을 얼른 이해하지 못하겠다는 표정을 지었다.
그러자 윤관이 허리를 더 굽히며 가라앉은 목소리로 아뢰었다.
"제가 지금 밟고 가는 땅이 예전에는 우리 땅이었겠지 하는 생각을 하니 감회가 깊었습니다. 그러면서도 한편으로는 억울한 생각이 들었습니다."
"억울해요?"
"예, 태자 마마. 우리 땅을 요나라가 차지하고 있다고 생각하니 그렇게 억울할 수가 없었습니다."
"그랬겠지요. 사부의 말을 들으니 통탄을 느끼며 더운 피가 끓어 오르는군요. 옛 고구려인의 기개가 숨쉬는 그 넓은 평원을 우리가 되찾아야 해요."
윤관의 말을 듣고 태자는 느낀 것이 있어 두 주먹을 불끈 쥐고 얼굴에 굳은 각오를 나타냈다.
"그러셔야 합니다. 지금은 우리 고려가 힘이 부족해 당장은 옛 고구려 땅을 다 되찾을 수는 없겠지요. 하지만 태자 마마께서는 그것을 꼭 가슴에 새겨 두시고 힘을 기르시어 그 땅을 되찾으셔야

합니다. 우리 조상들의 힘찬 호령 소리와 요란한 말발굽 소리가 휘몰아치던 그 벌판을 되찾으셔야 합니다. 그래야 후대 왕의 할 도리를 다하는 것이라고 생각됩니다."

"그렇겠지요? 그렇게 해야 하는데…… 고려는 고구려의 이름을 본딴 것이니 꼭 그리 해야 후손의 도리를 다하는 것인데……."

태자는 어금니를 꽉 물며 눈을 감고 맹세를 했다.

그 모습을 보고 윤관도 두 주먹을 불끈 쥐고 북쪽 하늘을 바라봤다. 윤관과 태자는 여러 면에서 마음이 맞았다.

학문과 정치를 생각하는 면에서도 맞았지만 옛 고구려 땅을 다시 되찾아야 한다는 데 더욱 뜻이 같았다.

태자는 윤관의 가르침을 잘 받았다. 그러면서 장차 훌륭한 왕이 될 자질을 스스로 길러 갔다.

왕의 판단은 나라의 흥망을 좌우하기 때문에 왕으로서의 판단하는 힘은 매우 중요했다.

그래서 왕은 조금의 실수도 하지 않기 위해 신중에 신중을 기해야 했다. 실수 없는 판단을 내리기 위해서는 깊은 지식과 여러 방면에 대한 상식을 가져야 했다.

또한 빨리 결정을 내릴 수 있는 결단력이 필요했다.

태자는 윤관에게 다방면에 대해 공부하면서 왕으로서 갖추어야 할 이런 여러 가지 요소들을 배우거나 스스로 터득하였다.

날이 갈수록 태자와 윤관의 마음은 척척 맞았다.

"사부, 그런데 우리 고려처럼 작은 나라가 과연 큰 요나라와 대적할 수 있겠소? 여진족도 기회를 노리고 있으니 더욱 힘에 벅찰 것 같구려."

"자신감을 가지셔야 되옵니다. 장차 왕이 되어 나라를 책임질 태자께서 자신감을 보이셔야 백성들도 마음을 놓고 따라옵니다. 만약 태자께서 나약함을 보이시면 백성들은 더욱 약해져 흐트러집니다. 그러면 힘을 한데 모을 수가 없습니다. 작은 나라에서 백성들의 힘마저 흐트러지면 나라의 운명은 강 건너 불을 보듯 뻔한 노릇입니다."

"그래요, 사부 말씀이 옳아요. 하지만 워낙 나라 크기의 차이가 나기에 내 혼자말처럼 해 본 소리입니다."

"태자 마마, 작은 나라지만 우리 조상들은 다 해냈지 않사옵니까? 고구려의 을지문덕 장군은 수나라 군사를 크게 이겼습니다. 또 연개소문 장군은 당나라 큰 군대를 무찔렀습니다. 그뿐입니까? 양만춘 장군의 업적도 있지 않습니까?"

윤관은 태자에게 자신감을 불어넣어 주기 위해 힘찬 목소리로 열거를 했다.

"그랬지요, 우리 조상들은 믿기지 않는 엄청난 일을 해냈지요."

"고구려 때만 그런 것이 아닙니다. 고려 때에도 우리 조상들은 작은 힘으로 큰 나라의 침입을 막아 냈습니다. 서희 장군은 거란의 대군사를 담판으로 막아 냈습니다. 또한 강감찬 장군도 몇십 년

전에 귀주에서 대승리를 하지 않았습니까? 그러하니 태자께서는 자신감을 가지고 정사를 돌보시면 그보다 더 큰 승리도 끌어 낼 수가 있을 것입니다. 늘 외적의 침입에 대한 자신감을 가지고 있으면 아무리 힘이 센 나라라도 얕보고 쳐들어오지 못할 것입니다. 그러니 마음가짐을 단단히 하셔서 백성들이 마음 놓고 살아갈 수 있게 하십시오. 그러면 모든 백성이 성군으로 흠모할 것입니다."

"고맙습니다, 사부. 성군이 되는 길을 일러주어서 정말로 고맙소. 내 윤 사부의 말씀대로 훌륭한 왕이 되기 위해 노력하겠소. 그런데 그렇게 되기 위해서는 내게도 한 가지 청이 있으니 들어 주어야 하오."

태자가 윤관을 쳐다보며 진지한 목소리로 말했다.

"제게 부탁이시라니요? 무슨 부탁이신지 말씀해 보시지요. 제가 들어 드리는 것은 당연한 것 아닙니까?"

윤관이 눈을 조금 크게 뜨고 긴장한 모습으로 대답했다.

"사부가 말한 대로 내가 성군이 되기 위해서는 그대가 꼭 필요하오. 그러니 내 곁을 떠나지 말고 나를 잘 이끌어 주시오. 설마 내 청을 거절하지는 않겠지요?"

"태자 마마, 여부가 있겠습니까? 저로서는 더할 바 없는 영광이옵니다."

윤관이 감격한 목소리로 말하며 허리를 한 번 더 깊이 숙였다.

"사부, 우리 둘이 힘을 합쳐 나라를 굳건히 해 봅시다. 사부께서 지금도 부왕 마마를 잘 보필하지만 그 열의가 계속되어야 하오."
"신하된 도리로 여부가 있겠습니까? 제 한 몸 부서질 때까지 나라를 위해 열과 성을 다하겠습니다."
"아무쪼록 호시탐탐 우리를 노리는 요나라를 경계하는 데 앞장서 주시오."
"태자 마마, 이제 요나라는 전성기가 지난 듯합니다. 고려가 경계해야 할 무리는 요나라가 아니라 동북부에서 자꾸 침략하는 여진족인 것 같습니다."
"그래요, 여진족도 막아야지요."
"여진족을 그냥 놔두면 우리가 힘이 없어 가만히 있는 줄 알고 계속 국경을 침범할 것입니다. 그렇기 때문에 그들을 무찔러 압록강과 두만강 이남의 땅을 찾아야 합니다. 그래야 우리가 무서운 것을 알고 다시는 넘보지 않을 것입니다."
"사부만 내 옆에 있으면 천만 군사를 거느린 것처럼 마음이 든든하오."

태자는 윤관으로부터 많은 것을 듣고 배우며 느꼈다.

그런 가운데 앞으로 왕이 되어 갖추어야 할 포부, 지식, 교양, 법도 등을 쌓아 나갔다.

그 무렵 고려의 동북부 지방인 함경도 지역에는 여진족이 자주 침입해 왔다. 여진족은 만주 동쪽 지역에 살던 말갈족으로 고구려와 발해의 지배를 받아 왔다.

　그러던 여진족은 발해가 망하면서 큰 세력이 되어 고려에 자주 침입해 괴롭혔다. 여진족은 고려의 평안도와 함경도까지 내려와 살면서 고려의 국경을 넘나들었다.

　그러니 고려로서는 요나라보다도 더 골칫거리였다. 여진족이 고려와 요나라 사이에 살았기에 더했다.

　윤관은 늘 여진족이 눈엣가시였다. 그래서 자기가 가르치는 태자는 강한 의지와 힘으로 여진족을 몰아 내는 정책을 써 주었으면 했던 것이다.

　윤관의 희망대로 태자는 여진족을 물리쳐야 되겠다는 다짐을 마음 속에 새겨 가고 있었다.

5. 주전 도감에 관계하다

　숙종 때 제일 먼저 구리로 만든 동전을 사용할 것을 건의한 사람은 대각국사 의천이다.
　그는 유명한 스님으로 왕인 숙종의 동생이며, 문종의 넷째 아들이다. 1055년에 태어난 그는 왕자이면서도 스스로 머리를 깎고 중이 되었다. 그는 송나라에 건너가 불법을 공부하고자 하였다.
　하지만 아버지인 문종은 이를 허락하지 않았다.
　그 이유는 요나라와 송나라, 그리고 고려의 삼국 관계가 미묘한 터에 고려의 왕자가 송나라로 건너가 불법을 공부한다는 것은 요나라를 자극할 요인이 될 수 있기 때문이었다.
　의천은 아버지가 왕일 때는 끝내 뜻을 이루지 못했다.
　의천의 나이 서른 살에 문종의 둘째 아들인 '운'이 왕이 되어 선종에 즉위했다. 의천은 송나라에 보내 줄 것을 간곡히 청했다.
　그리하여 의천은 그 해 (1084년) 정월에 굳은 결심을 했다. 의천은 선종에게 송나라에 들어가서 불교에 관한 공부를 하겠다는 긴 글을 올렸다.

일찍이 신라 때 원광법사와 의상조사도 당나라에 건너가서 불법을 닦고 오셨습니다. 저도 송나라에 들어가서 고명하신 스님들을 만나 뵈옵고 불법을 보다 깊이 배우고자 하옵니다. 아울러 오래 전부터 마음에 새겨 둔 책들도 이 기회에 모두 모아 가지고 오고 싶습니다. 요즈음은 날마다 옷깃을 가다듬고 더욱 이런 생각에 잠기어 잠도 제대로 이루지 못하고 있습니다. 더욱이 지난해 8월에는 저 멀리 송나라 항주의 정원법사로부터의 간곡한 권유가 있었사옵니다. 그래서 하루라도 빨리 가고 싶은 마음을 이제는 막을 길이 없사와 목숨을 걸고서라도 이 몸을 저 넓은 바다에 맡기어 송나라에 건너가 불법을 배우고 오겠습니다. 그리하여 고려에 부처님의 광명이 더욱 비치게 된다면 어리석은 마음이오나 충효에 어긋날 일도 없을 줄 압니다. 가엾은 이 소원을 이번에는 부디 들어주옵소서.

그러나 선종도 문종 때처럼 의천의 소원을 들어 주지 않았다. 대신 회의에서도 천부당 만부당한 일이라고 적극 반대하였다.

문종 때 의천은 당나라에 갈 수 없었고 맏형인 순종이 왕이 되었으나 3개월 만에 죽고 둘째 형인 선종이 왕이 되자 의천은 당나라에 갈 수 있으리라고 기대하고 있었던 것이다.

의천은 1085년 4월 초파일 밤에 도망하다시피 하여 서울인 개경을 빠져 나왔다. 그리고는 미리 내통해 두었던 송나라 상인 임영이라는 사람의 배에 몸을 싣고 고려를 떠났다. 그의 나이 서른한 살 때의 일이다.

그는 송나라에 건너가 불법을 공부하면서 여러 가지를 주의 깊게 살펴보았다. 화려한 항구며 송나라 서울인 변경 거리의 번화한 모습이 인상적이었다.

또 여러 곳을 돌아다닐 때 화폐를 사용하여 물건을 사고 숙박료를 내니 그렇게 편할 수가 없었다.

'아, 화폐가 이렇게 편리한 줄을 몰랐구나. 우리 고려에서도 이 화폐 제도를 쓰면 얼마나 좋을까. 고려에서도 물건을 살 때 쌀이나 무명, 삼베 등을 쓰지 않고 구리로 된 화폐를 쓰면 얼마나 좋을까. 그렇게 된다면 살림살이에 많은 발전을 가져올 것이다.'
의천은 고려에 건너와서도 이런 생각을 버리지 못하고 있었다.

그런 시기에 그의 셋째 형인 계림공이 반정을 일으켜 숙종으로 왕위에 올랐다.

의천은 곧 숙종에게 동전을 만들어 사용하자는 상서를 올렸다.

그리고 동전을 만들어 쓰게 되면 다음과 같은 네 가지 이로운 점이 있음을 밝혔다.

첫째, 쌀이나 베를 쓰면 멀리 갈 때는 운반하는 데 한계가 있어서 이미 그 대부분이 양식이나 노자로 없어집니다. 뿐만 아니라 추운 겨울이나 더운 여름에는 쌀이나 무명을 지니고 다니는 것이 여간 어렵지 않습니다. 그러니 이를 부피가 작은 동전으로 바꾸게 되면 이런 불편은 없어질 것입니다.

 둘째, 마음씨 고약한 장사꾼들이 자나 말을 속이며, 개중에는 모래나 흙을 섞어 넣기도 합니다. 이런 일도 동전을 쓰게 되면 자연 없어지게 될 것입니다.

 셋째, 문무 관리의 녹봉도 역시 쌀이나 베로 지급되고 있사오나, 흉년이나 그 밖에 재해가 있게 되면 자연 지급이 늦어지고 또 빠뜨리기도 쉽습니다. 그런데 만약 동전을 사용한다면 이런 일도 없을 것입니다.

 넷째, 오래 두면 자연 축이 나거나 줄게 마련입니다. 지난해에도 창고에 있는 무명은 백에 열도 쓸 것이 없었으니 이것 역시 동전으로 쓴다면 이런 폐단은 없을 것입니다.

"음, 화폐 제도의 좋은 점이 많군그래. 하지만……."

 숙종도 관심을 나타냈다. 그러나 여러 대신들의 반대를 염두에 두고 선뜻 결정을 내리지 못했다.

 '의천이 송나라에서 보고 온 좋은 제도를 건의하는데 그를 욕먹일 수는 없지. 그는 더구나 속세를 떠난 사람인데, 대신들의 입에 오르내리며 욕을 먹게 할 수는 없지…….'

 숙종은 굉장히 망설였다.

 1097년인 숙종 2년에 윤관은 화폐 제도의 사용을 건의하였다.

"폐하, 우리 나라도 송나라처럼 화폐 제도를 실시하는 게 좋겠습니다."

"화폐 제도요?"

숙종은 의천이 건의해 관심을 보였으나 대신들의 반대로 실시를 못 했던 화폐 제도 얘기를 다시 꺼내자 되물었다.

"예, 백성들이 물건을 사고 팔 때 쌀이나 베를 사용하는 것은 부피가 크고 무게가 많아 여간 불편한 게 아닙니다. 그러니 가지고 다니기에 편리한 동전을 통용 수단으로 쓰는 화폐 제도를 실시해 백성들의 불편을 덜어 줘야 한다고 생각됩니다. 돈이 생겨 사용하면 여러 가지 물건의 유통이 아주 잘 될 것입니다."

"음……."

숙종은 선뜻 대답을 않고 고개만 끄덕거렸다.

"송나라와 요나라도 동전을 만들어 쓰기 때문에 경제가 날로 번창하고 있지 않습니까? 그러니 우리 나라도 하루 빨리 주전을 만들어 경제를 발전시켜야 될 줄로 아룁니다."

윤관의 건의는 간곡했다.

"알겠소, 다시 대신 회의에 붙여 보리다. 나도 화폐 제도를 실시하는 데는 찬성이지만 대신들의 반대가 워낙 거세서……."

숙종은 의천에 이은 윤관의 건의에 힘을 얻었다.

그래서 속으로는 화폐 제도를 꼭 실시해야 되겠다고 결심을 굳히고 있었다. 숙종은 화폐 제도에 대한 문제를 정식으로 대신 회의에서 논의하였다.

"우리 나라도 송나라나 요나라처럼 화폐 제도를 실시하자는 건의가 윤 학사로부터 올라왔소. 이 문제에 대한 경들의 의견은 어떤지 말해 보시오?"

숙종이 먼저 조심스럽게 문제를 제기하고 여러 대신들의 눈치를 살폈다.

예상했던 대로 대신들의 반대가 심했다.

"백성들은 쌀이나 베를 쓰는 데 오랫동안 익숙해 있기 때문에 별 불편을 모르고 있습니다."

"그렇습니다. 쌀이나 베를 가지고 셈을 하는 데 불편없이 생활하고 있는데 새로운 동전을 만들어 사용하라고 하면 큰 혼란이 있을 것이오니 실시하지 않는 게 좋습니다."

"저도 그렇게 생각합니다. 백성들은 쌀이나 옷감 등의 현품을 믿지 아무 값어치도 없는 동전을 잘 믿지 않으려고 할 것입니다."

"주전을 만들어 사용하게 하면 가짜를 만들어 쓰는 무리도 생겨날 것입니다. 하지만 미포는 가짜가 통용될 수 없지 않습니까?"

숙종은 눈을 지그시 감은 채 여러 의견을 귀담아듣고는 고개만 끄덕였다.

"사람들이 멀리 나들이 갈 때마다 그 무거운 쌀과 무명을 짊어지거나 나귀에 싣고 가서 사용해야 하는 불편이 있지 않습니까? 힘이 약한 노인이나 병자, 또 아녀자 등은 쌀이나 베를 운반할 힘이 없습니다. 그래 사람을 대동하거나 말을 이용하려면 얼마나 번거롭습니까? 그러니 지니고 다니기에 무겁지 않고 간편한 화폐 제도를 사용해야 합니다."

"옳습니다. 우리는 중국의 여러 나라들과 이웃해 살아왔기 때문에 문화나 풍습, 생활 방식이 아주 흡사합니다. 그러므로 송나라와 요나라에서 화폐 제도를 실시해 경제가 나날이 발전하는데 우리가 그 제도를 반대할 이유는 없다고 봅니다."

"화폐 제도를 실시하면 일부 못된 사람들의 버릇을 고칠 수가 있습니다. 지금 우리가 쓰는 삼베나 쌀은 옷감의 치수를 속이거나 쌀의 말의 크기를 속여 부자가 된 사람들이 많습니다. 화폐 제도를 실시하면 그런 무리들이 모두 사라져 백성들이 서로 믿고 살아가게 될 것입니다."

찬성하는 의견도 만만치 않았다.

숙종은 아주 깊게 생각하고 또 생각했다. 그 끝에 특별 명령을 내렸다.

"우리 나라에서도 윤관의 건의대로 동전을 만들어 사용하도록 하시오. 그리고 동전을 만드는 일을 총괄하고 책임질 관리인 '주전관'을 두시오. 그래서 우리 나라도 송나라나 요나라처럼 경제를 발전시키는 원동력이 되게 하시오."

숙종 2년 12월, 왕의 특별 명령이 있자 많은 사람들의 불평이 있었다. 쌀과 삼베로 모든 것을 셈할 때 이를 이용해 백성들 것을 빼

앗다시피 하던 사람들이었다. 또 무식한 백성들에게 눈금을 속여 이익을 보던 나쁜 사람들이었다.
　숙종은 숙종대로 화폐 제도를 실시하는 큰 이유가 있었다.
　화폐 제도를 실시함으로써 국가가 유통 경제를 장악해 실질적인 왕의 권한을 강화하려는 속셈이었다.
　또 백성들의 생활을 낫게 하려는 적극적인 대책이기도 하였다.
　또한 쌀과 삼베를 거두어 받는 과정과 팔고 사는 과정에서 권세 있는 집안이나 큰 장사꾼들이 백성들의 것을 부당한 방법으로 많이 빼앗는 것을 방지하는 뜻도 있었다.
　결국 이런 허점을 막는 게 왕권을 강화하는 길이었다.
　숙종 6년인 1101년에는 동전 만드는 것을 맡아 보는 관청인 주전도감을 4월에 설치하였다.
　윤관은 주전도감의 책임자 자리에 임명되었다. 그는 열과 성을 다해 동전을 만들어 백성들의 생활을 편리하게 하려고 애썼다.
　1102년 4월에는 기우제를 지내게 되었다. 비가 오랫동안 내리지 않았기 때문에 비를 내리게 해 달라고 하늘에 올리는 제사였다.
　제사가 끝나고 주전도감의 책임자인 윤관은 숙종에게 아뢰었다.
　"폐하, 동전의 통용함이 일상 생활에 편하고 이롭다는 것을 비로소 백성들이 알게 되었습니다."
　"그래요? 그거 참 듣던 중 반가운 소식이오. 윤공께서 더욱 힘써 화폐 제도가 온 백성들에게 뿌리 내리게 하시오. 그래서 우리 나라 경제도 송나라나 요나라처럼 발전케 하시오."

"분부대로 실시하겠습니다. 이제 동전을 만들어 돈으로 쓰는 제도를 종묘에 알리고자 합니다."

숙종은 쾌히 승낙하고 종묘에 주전 사용을 아뢰었다.

이듬해인 1102년 12월에는 해동통보 1만 5천관을 만들어 재상, 문무, 양반, 군인 들에게 나누어 주어 사용케 하였다.

이 해동통보의 유통을 장려하기 위하여 나라에서는 개경 좌우에 술집과 점포를 열어 사용하게 하였다.

6. 남경 건설 책임자

    숙종 때도 백성들의 민심은 몹시 어수선했다. 게다가 문종 이후 임금을 몰아 내려는 모반 사건이 여러 차례 일어난 것이 그를 증명해 주었다.

    또 가뭄과 장마, 병충해 등이 심해 농사가 안 된 것이 그 원인이기도 했다.

    이러한 상황에서 숙종은 자기의 왕권을 강화하기 위해 자기가 왕위에 오를 때 공을 세운 사람들 위주로 정치를 해 나갔다.

    그러자 일반 관료들이 비판하며 큰 불만을 갖게 되었다.

    이렇게 되자 국운이 쇠퇴하고 있다는 위기 의식이 지식층은 물론 백성들에게도 퍼지게 되었으며 지배층과 백성들 사이도 심하게 벌어져 대립하게 되었다.

    뿐만 아니라 지배층 사이에서도 권력을 놓고 서로 티격태격하게 되었다.

    개혁을 꺼리는 무리와 개혁을 하려는 무리가 서로 파가 갈라졌으며 개혁하려는 파도 빨리 하려는 쪽과 기본 질서 안에서 천천히 하

6. 남경 건설 책임자

려는 쪽이 다퉜다.

　이런 여러 대립 현상은 정책 수립, 외교 문제 등 대부분의 분야에서 다 일어났다.

　그러니 민심이 어지러울 수밖에 없었다.

　이런 때일수록 흔히 고개를 드는 게 음양 도참설이었다.

　도참설이란 미래의 길흉에 관하여 예언하는 술법을 말한다. 과학이 발전하지 못한 옛날에는 우주의 모든 것이 놀라워 공포의 대상이었다. 그렇기 때문에 불확실한 미래를 알고자 주문을 외고 점을 치는 게 성했다.

　도참설은 점술과는 달리 중국과 우리 나라 등 동아시아 일부에서만 보이는 현상이다. 우리 나라에서는 풍수지리에 의한 도참이 큰 비중을 차지했다.

　이 때 풍수가 김위제가 숙종에게 건의를 하였다.

　"폐하, 흉흉한 민심을 수습하시려면 도읍을 옮기시는 게 좋을 것 같습니다. 이러한 때에는 혁신적인 조치를 취하여야 합니다."

　"천도를? 천도하면 어디로 한단 말인가?"

　숙종이 놀란 표정으로 김위제를 바라보며 물었다.

　"그러하옵니다, 폐하. 이 나라 태조께서 이 곳 송악을 도읍으로 정한 것은 산과 땅의 생김으로 봐 왕조가 오래 계속된다고 보았기 때문입니다. 허나 세월이 흐르면서 모반 사건이 많이 나고 흉년이 들며, 외적의 침입이 잦은 것은 개경의 힘이 다 했다는 증거입니다. 더구나 남경 부근에 심한 서리와 우박이 내린 것은 하늘의 큰 나무람이니 이를 달래기 위해서라도 남경으로 도읍을 옮겨야 합니다. 그 곳은 장차 국운이 힘차게 뻗어 갈 좋은 땅임에 틀림없습니다."
김위제가 머리를 조아리며 자신에 찬 목소리로 아뢰었다.
"남경이라구? 남경은 문종께서 1067년부터 이듬해까지 그 곳에 궁을 창건했던 곳이 아닌가? 신궁을 세웠어도 좋은 반응이 없어 방치하던 곳이 아닌가?"
"하오나 이제는 때가 맞아떨어지는 지세입니다. 남경으로 도읍을 옮기시면 사해신어가 한강에 몰려올 운세이니, 이는 주변의 여러 나라들이 관계를 맺고자 몰려드는 뜻으로 풀이됩니다."
사해신어란 여러 바다의 신성스러운 고기를 뜻하는 말이다.
"음, 남경으로 천도라……."
숙종은 귀가 솔깃했다. 남경으로 천도해서 민심이 가라앉고 국운이 번창한다고만 하면 그보다 더 좋은 일이 어디 있겠는가.
"우리도 남경을 대대적으로 다시 건설하여 수도를 옮기심이 쇠퇴하는 국운을 다시 일으킬 방도인 줄 다시 한 번 아룁니다."
"음, 그렇다면 남경을 재건할 지세를 한 번 살피고 오도록 내가 사람을 보내리다."
숙종은 1101년 9월에 남경개창 도감을 설치하였다. 남경개창 도감은 남경의 창건을 위하여 설치된 임시 관청을 말한다. 문종 때 남경에 장원정을 지어 임금이 살았으나 별다른 반응이 없자 중지한 일이 있었다. 그러다가 다시 남경개창 도감의 설치와 함께 남경 건설 사업을 활발히 벌이려는 것이었다.

그리고는 남경개창 도감의 책임자로 문하시랑평장사인 최사추, 어사대부 임의, 지주사 윤관, 소부감치사 문상, 춘관정 음덕전(陰德全), 추관정 최자호를 임명했다.

최사추는 정2품 벼슬이었고, 임의와 윤관은 정3품 벼슬이었다.

윤관과 임의는 관계가 무척 깊은 사이였다.

벼슬 높이도 같았지만 요나라에 사신으로 같이 간 사이였다. 거기다 임의가 윤관의 딸을 며느리로 삼았기 때문에 사돈 사이였다.

"그대들은 남경을 재건할 지세를 살펴보고 오도록 하시오. 이 일은 장차 국운이 달린 일이니 소홀함이 없이 시행하도록 하시오."

숙종의 엄숙한 명령이었다.

"폐하의 분부대로 한 점 소홀함 없이 거행하겠나이다."

일행은 그 길로 길 떠날 준비를 하고 남경 지세를 살피러 갔다.

일행은 양주 땅(지금의 서울 땅)에 와 궁궐을 세울 만한 좋은 터를 찾아 돌아다녔다.

그런 후 개경으로 돌아가 왕께 보고를 했다.

"폐하, 신들이 노원, 용산 등 일대를 다 살펴보았으나 산수가 도읍을 건설하기에는 부적합하였습니다. 하오나 딱 한 곳이 적합하였습니다."

"그 곳이 어디요?"
숙종은 재촉하는 눈빛으로 윤관 등을 바라봤다.
"오직 삼각산의 남쪽은 산의 생김새와 물이 흐르는 기세가 풍수지리에서 말하는 것과 맞사오니 그 곳에다 궁궐을 짓는 것이 좋을 듯하옵니다."
"좋소, 그 곳에다 남경을 창건하도록 합시다. 내일 종묘, 사직, 산천에 남경을 건설한다는 것을 아뢸 수 있게 준비해 주기 바라오."
숙종은 드디어 남경을 창건하기로 결심했다.
"남경 건설은 온 정성을 다 기울여야 하오. 그래야 새로운 도읍의 지세가 일어 우리 나라가 번창할 것 아니겠소?"
"폐하, 여부가 있겠습니까? 온 힘을 다 바쳐 새 도읍 건설에 나서겠습니다."
윤관은 1102년 봄부터 시작된 남경 공사장에서 3년을 살았다.
이제까지도 그랬지만 그는 숙종의 신임을 더욱 받게 되었다.
"모두들 경건한 마음으로 남경 건설의 대역사에 임해 주기 바라오. 이 큰 공사는 우리의 국운이 달린 역사라는 것을 잠시도 잊지 마시오. 궁궐을 지을 때는 터닦기부터 튼튼히 해야 하오. 터 다지기가 잘 돼야 그 위에 서는 궁궐 건물이 오래 버틸 수 있는 거요. 우리가 하는 일이 천 년, 만 년 우리 후손에게 물려준다는 것을 가슴 깊이 새기고 열심히 일합시다."
윤관이 엄숙한 목소리로 공사에 임하는 일꾼들을 모두 모아 놓고

훈시를 했다.

일순간 숙연한 분위기가 되었다.

"자, 그럼 모두 각자 맡은 곳으로 가 대역사를 시작합시다."

일꾼들은 정말로 열심히 일했다. 모두 정성을 다하는 게 눈에 보였다.

윤관 일행은 공사장 곳곳을 일일이 돌며 일꾼들을 격려하고 다독거려 줬다.

그러자 공사하는 사람들은 더욱 신바람이 나 지칠 줄 모르고 일했다.

대궐을 짓는가 하면 둘레에 큰 성을 쌓았다.

또 대궐 앞에는 연못도 파고 정원을 꾸미는가 하면 연못가에 운치 있게 정자도 세웠다.

공사는 큰 착오없이 착착 진행되어 갔다.

윤관은 공사를 지휘하고 감독하는 데 지쳤지만 피곤한 줄을 몰랐다. 자기의 생각대로 새로운 형태의 건물이며 성곽 등이 세워지는 데 보람을 느꼈기 때문이다.

윤관은 이른 새벽부터 공사장에 나가 살았다. 일꾼들이 곤하게 자는 밤에도 늦도록 공사에 관한 사무를 보느라 정신이 없었다.

개경이나 그의 고향인 파평이 그리 멀지 않았으나 자주 갈 수가 없었다. 그러는 사이에 그의 벼슬은 계속 높아졌다.

1102년 3월에 그는 지공거가 되었다.

지공거란 고려 시대의 과거 시험관을 말한다. 지공거는 그 당시에 무척 중요한 벼슬자리였다. 왜냐 하면 백성을 다스리는 지배 계층인 관리를 선발하는 책임자이기 때문에 아무나 될 수가 없었다. 학문이 높아야 하고 정치적으로도 영향력 있는 자라야만 되었다. 따라서 당시 귀족, 관료 사이에서도 가장 영예스럽게 생각했고 자손 대대로 자랑으로 삼았다.

윤관은 부하들과 함께 진사 시험을 시행하였다.
이어 추밀원부사(정3품 벼슬)가 되어 재추의 반열에 올랐다.
이듬해에는 이부상서 동지추밀원사(종2품 벼슬)가 되었으며, 그 해 6월에는 지추밀원사 겸 한림학사승지에 올랐다.
윤관은 왕의 측근으로 빨리 승진하여 중요한 신하가 되었다.
그렇기 때문에 윤관은 여진 정벌 때에 중요한 일을 맡게 되었던 것이다.
윤관은 개경에서 나라일을 보면서도 남경 건설일을 같이 하였다.
지금 서울이 도읍지가 된 것은 조선을 세운 태조 이성계 시대부터였다.
이성계는 조선을 세운 지 삼 년이 지난 1394년에 고려의 남경인 지금의 서울로 도읍지를 옮겼다.
그러면서 이름을 한양이라고 불렀다.
한양이 조선의 도읍지가 된 데는 고려가 남경으로 정한 것과 깊은 관련이 있다.

1104년에 드디어 남경의 대궐이 완성되었다.

대궐 건물을 바라보는 윤관의 가슴은 너무나 벅찼다. 숙종은 대궐이 다 지어졌다는 보고를 받고 무척 기뻐하였다. 그는 중신들을 데리고 남경에 지어진 대궐에 행차를 했다.

숙종은 새 궁전인 연흥전에서 잔치를 베풀었다.

잔치 도중 남경 공사에 공이 많은 신하들을 불러 일일이 그 동안의 노고를 칭찬해 주었다.

"새로 건설된 남경의 큰 궁전에 앉아 연회를 베푸니 기분이 좋구려. 그 동안 이 큰 공사를 하느라고 수고가 대단히 많았소. 내 오늘은 경들의 노고를 위로하는 뜻에서 술을 내리겠소. 사양 말고 많이 드시오. 허허허."

숙종은 정말로 기분이 좋아 칭찬을 한 뒤 술을 손수 따라 돌렸다.

"성은이 망극하옵니다."

"황공하옵니다, 폐하."

"폐하, 만수 무강하옵소서."

윤관 이하 공신들은 감격해 머리를 조아리며 어쩔 줄을 몰랐다.

숙종은 공신과 공사에 참가한 많은 병사들에게도 상을 내렸다.

"아직 남경 건설 공사가 마무리된 것은 아니니 더욱 힘써 빨리 마무리를 짓도록 하시오."

"분부대로 거행하겠습니다."

공신들은 감격한 목소리로 대답했다.

숙종은 이처럼 남경 공사에 남다른 애착을 보였지만 이듬해 세상을 떠나고 말았다.

그래도 숙종이 왕위에 올라 있던 십 년 동안은 비교적 평화로운 시기였다.

여진족이 국경을 침범하기는 했지만 큰 외적의 침입은 없었던 것이다. 숙종의 뒤를 이어 그의 아들이 왕위에 올랐다. 그가 바로 예종이다.

예종은 태자 시절에 윤관에게서 공부를 배웠다.

그러니 윤관에 대한 신임이 두텁고 중요한 자리에 앉힐 수밖에 없었다.

7. 귀찮게 구는 여진족

여진족은 원래 만주 지방을 중심으로 하여 러시아의 동해안인 연해주 지방까지 흩어져 살던 종족이다.

여진족은 시기에 따라 '숙신' 또는 '말갈' 등으로 불린 퉁구스 계통의 종족이다.

여진족은 크게 만주 동북 지방에 사는 '생여진'과 서남 지방에 사는 '숙여진'으로 구분해서 부른다.

'생여진'은 대개 거란의 지배를 받지 않고 자기네끼리 마을을 이루고 모여 살았다.

그러나 '숙여진'은 거란의 지배를 받으며 살아갔다.

이러한 여진족은 발해 시대 이후 차차 남쪽으로 퍼져 나왔다.

그들은 신라 말기와 고려 초기에는 동북쪽으로 함경도 일대와 서북쪽으로는 압록강 남해안 및 평안 북도까지 흩어져 살게 되었다.

그래서 고려에서는 동북쪽의 여진을 '동여진' 또는 '동번'이라 불렀다. 또 서북 방면의 여진을 '서여진' 또는 '서번'이라 불렀다.

고려는 나라를 세움과 동시에 북진 정책을 추진했으므로 여진족과 부딪칠 수밖에 없었다.

　고려는 여진족에 대비하여 서북면 쪽에 평양 도호부를 설치하고, 동북면 쪽에는 지금의 강원도 안변 부근에 골암성이 있어 그 기지가 되었다. 도호부는 군사적 요충지에 설치했다. 주로 변방 이민족을 통제하거나 견제하기 위해 설치했다.

　골암성은 원래 윤선이라는 사람이 궁예를 피해 도망했던 곳으로 그는 그 곳에 기거하면서 여진의 무리를 이끌고 자주 북쪽 국경 지방을 괴롭혔다. 그러다가 왕건이 궁예를 내쫓고 왕위에 오르자 윤선은 고려에 항복해 옴으로써 골암성은 고려의 수중에 들어오게 되었다.

　그 후 태조는 북방 개척에 힘을 기울였다. 그 결과 동북으로는 안변으로부터 영흥 부근까지 세력이 뻗어 나갔으며, 서북에 있어서는 청천강 하류 지방까지 차지하기에 이르렀다.

　이에 따라 자연 여진족과의 충돌이 잦았으며, 여진족 중에서 고려에 귀화해 오는 사람이 많았다. 그러므로 고려에서는 이들을 경계하였다.

　고려 태조는 국경을 지키는 관리에게,

　"북쪽 여진족은 사람 낯에 짐승 마음을 가진 사람들로 배를 주리면 오고 배가 부르면 가 버린다. 또 이로운 것을 보기만 하면 염치가 없어진다. 지금은 비록 복종하여 우리를 섬기고 있으나 순종하거나 배반하는 것이 일정하지 않다. 그러니 그들이 지나는 곳이나 머무는 곳을 성 밖에 지어 접대토록 하라."
라고 명령했다.

동, 서여진 중에서도 동여진의 움직임이 매우 활발하였다. 이는 거란의 지배권 밖에서 자유로운 생활을 누리고 있었기 때문이었다.

동여진 가운데 일부 부족은 현종 2년 8월에 백여 척의 배를 타고 경주에 쳐들어와 노략질한 것을 비롯해서 여러 차례 나쁜 짓을 서슴지 않았다.

그들의 등쌀에 못 이겨 지금의 울릉도인 우산국은 무인도가 되기도 했다. 여진족들은 반농업, 반유목 생활을 하는 종족이다. 정치적 통일체를 이루지 못했으며 농업 기술도 고려보다는 떨어졌다. 그래서 고려에 요구하는 것은 부족한 곡식류, 고급 직물, 농기구 등이었다. 교역이 여의치 않을 때에는 고려의 변방 마을을 침입하여 약탈해 가는 것이 주요한 생업 수단 중의 하나였다.

그러나 이처럼 고려를 괴롭힌 여진의 무리는 동여진 전체에 비하여 그리 많은 숫자는 아니었다.

대부분의 동여진족은 고려에게 공손한 태도를 보였다.

고려는 얌전한 동여진족에게 달래는 정책을 쓰고, 여러 가지 혜택을 주었다. 그들을 적절히 통제하여 변방이 시끄럽지 않게 하는 것이 언제나 중요한 과제였다.

우야소 때(고려 숙종 때) 이르러 여진족이 갑자기 강성해지자 고려는 근 100여 년간 외적의 침입을 크게 입어 보지 않아 일시 패하기도 했지만, 그 이전까지는 그들을 서로 경쟁시키면서 적절히 통제했다.

원래 여진족은 고려를 부모의 나라로 생각하여 정성껏 섬겼다.

그들은 그들의 토산물이라 할 수 있는 말, 화살 따위를 고려에 바쳤다. 또 고려는 그런 여진에게 답례로 음료, 옷 같은 생활 필수품을 주었다.

이런 유대 관계로 평화롭던 여진과의 관계가 어느 때부터인가 심상치 않게 되었다.

북만주의 송화강 가에 살고 있던 완안부란 부족이 커지면서 그 세력을 동남으로 뻗어 두만강 지역까지 내려오게 되었기 때문이다.

추장인 영가는 남쪽 함흥 평야까지 내려왔다.

1103년에는 영가가 죽고 그의 조카 우야소가 추장이 되었다.

우야소는 여진의 무리를 통일하면서 점점 남쪽으로 내려와 고려와 맞닿게 되었다.

"우야소가 이끄는 여진의 동태가 심상치 않습니다."

"여진의 동태가 심상치 않다니 그 무슨 얘긴가?"

"우야소는 여진족이 사는 많은 마을을 통일하고 정주의 장성 부근까지 내려와 진을 쳤습니다."

"아니, 뭐라구?"

"저들은 고려에 의지하고자 남쪽으로 내려오는 여진족을 추격하여 이 곳까지 내려온 것입니다."

"군사는 얼마나 되더냐?"

정주성을 지키던 이일숙이 부하에게 물었다.

"자세히는 알 수 없으나 2천 명쯤 되는 것 같습니다."

"그래? 그럼 앞장 선 그 추장이 누구인지 알아봐라."

"예."

부하는 대답을 하고 나갔다. 그리고는 첩자를 보내 추장이 누구인가를 알아 오게 하였다.

얼마만에 첩자가 돌아와 추장 이름을 보고하였다.

"장군, 여진의 추장은 '허정'과 '나불'이라는 이름을 가진 두 사람이옵니다."

"으음, 허정과 나불이라. 내 그 추장들을 위해 잔치를 베풀 터이니 그들을 초대토록 하라."

이일숙이 깊은 생각에 잠겼다가 엉뚱한 명령을 내렸다.

그 명령을 듣고 부하들은 모두 깜짝 놀랐다.

"장군님, 그게 무슨 말씀이십니까? 당치도 않습니다. 적군의 추장들을 위해 잔치를 베풀다니요? 그건 천부당 만부당한 말씀입니다."

"시키는 대로 하라. 내게도 다 생각이 있으니까."

부하들은 하는 수없이 내키지 않는 잔치를 준비했다. 잔치 준비를 하면서도 부하들은 못마땅해했다.

드디어 잔치 준비가 다 되고 두 추장을 초청했다.

점잖게 초청해서 그런지 허정과 나불은 별 의심하지 않고 위엄을 부리며 정주성 안으로 들어왔다.

"어서 오시오. 오시느라고 고생이 많으셨소."

"천만에요. 이렇게 저희들을 불러 주셔서 대단히 고맙습니다."

"원래 고려는 여진을 늘 많이 도와 주었지 않소? 그러니 새삼스럽게 그렇게 고마워할 것 없소. 음식이 변변치 못하지만 많이 드시오."

"고맙습니다. 잘 먹겠습니다."

허정과 나불은 거짓으로 인사치레를 하였다. 그러면서 속마음은 딴 곳에 있었다.

'우리 여진족이 고려를 치려면 이 정주성을 거쳐야만 된다. 그렇지 않아도 이 성의 이모저모를 염탐하려고 했는데 우리를 초대하다니, 히히힛!'

'성에는 병사가 몇 명이나 되고 군량은 얼마나 쌓였는지 알아보자. 그리고 군사를 지휘하는 장군은 누구이고 성 안은 어떻게 꾸며져 있나 자세히 살피고 가자.'

허정과 나불은 서로 눈짓을 하며 속으로 박수를 치며 좋은 기회라 생각하였다.

잔치가 무르익고 추장들은 술에 취했다. 밤이 되어 별이 돋아나기 시작했다. 그 때 갑작스런 명령이 떨어졌다.

"이 놈들을 밧줄로 꽁꽁 묶어라!"

7. 귀찮게 구는 여진족

그 명령에 옆에 서 있던 병사들이 달려들어 허정과 나불을 눈깜짝할 사이에 꼼짝 못 하게 묶었다.

허정과 나불은 술이 확 깨었지만 이미 때는 늦었다. 묶인 몸이라 어쩔 수가 없었다.

"네 이놈들! 바른대로 말하지 않으면 목이 달아날 줄 알아라. 알겠느냐?"

"예? 아니, 이게 무슨 짓입니까?"

"아무 말 말고 내가 묻는 말에만 대답해라. 너희들은 고려를 침범하려고 여기까지 온 것이지?"

"아니옵니다. 저희는 결코 고려를 침범하러 온 게 아닙니다. 저희는 고려를 좋아하고 따르는 무리입니다."

"그래서?"

"그런데 다른 여진족 무리에게 쫓겨 고려에 도움을 청하러 여기까지 온 것입니다. 그러니 제발 이 묶은 것을 풀고 저희들을 도와주십시오."

"쫓기는 놈들이 그렇게 기세가 당당하냐? 여봐라! 이자들을 데려다 가두고 철저히 조사하라."

"예, 알겠습니다."

허정과 나불은 다른 곳으로 끌려가 조사를 받았다. 그들은 그 조사에서 더이상 버티지 못하고 고려를 침범하러 왔다고 실토하고 말았다.

이 사실은 임금에게도 보고되었다.
"여진족이 우리 나라를 침범하기 위해 정주성 가까이 와 진을 쳤습니다. 그래서 잔치를 베푼다고 거짓으로 추장을 꾀어 내 붙잡아 조사하였더니 저희 추측이 맞았습니다. 머지않아 우리 나라를 침략할 것이라고 하옵니다. 하지만 여진은 허약해서 두려울 게 없습니다. 이 기회에 그들을 정복하지 않으면 후에 반드시 우환거리가 될 것입니다. 그러니 명령을 내려 주시기 바랍니다."
숙종 임금은 이 보고를 받고 곧 대신들을 불러모았다.
"여러 대신들은 잘 듣고 머리를 맞대고 의논해 주기 바라오. 정주성의 이일숙이 보고하기를 여진족이 우리 나라를 치기 위해 정주성 근처까지 와 진을 쳤다는구려. 이 문제를 도대체 어떻게 했으면 좋겠소?"
임금의 말이 끝나자 여러 대신들은 갑작스런 일이라 쥐죽은 듯이 조용했다. 그런 가운데 한 대신이 입을 열었다.
"여진족은 예전부터 우리 국경을 수시로 넘나들면서 귀찮게 해 왔습니다. 특히 동여진은 동해안 지방을 툭하면 괴롭혀 왔습니다. 이 기회에 우리가 먼저 그들을 쳐들어가 정복해야 될 줄로 아뢰옵니다."
"저도 동감입니다. 그들은 말로 해서는 안 되는 무리들입니다. 그러니 이 참에 아주 버릇을 단단히 고쳐 주는 것이 옳은 줄로 아뢰옵니다."

"그래? 그렇다면 여진을 치기 위해서 누구를 내보내는 것이 가장 좋겠소?"

조정의 대신들은 오랫동안 의논한 끝에 세 장수를 뽑았다.

세 장수 임간과 이위 그리고 김덕진을 병마사로 삼아 여진족을 치게 하였다.

세 장수가 이끄는 고려군은 곧 출병하였다. 이내 정주성 가까이 다다랐다.

"여진족을 한 놈도 남기지 말고 쳐부수자!"

"여진족이 다시는 얼씬대지 못하게 혼을 내주자."

고려군은 함성을 내지르며 질풍같이 여진족을 향해 쳐들어갔다.

"쏴라!"

여진족 쪽에서도 화살이 빗발치듯이 날아왔다.

"이얏!"

"윽!"

"이 짐승 같은 여진 놈들, 내 칼을 받아라."

싸움은 치열했다. 양쪽이 한 치의 양보도 없이 싸웠다.

처음부터 여진족이 기우는 듯했다. 그들은 조금씩 물러나기 시작했다.

"여진 놈들이 물러선다! 물러서는 저놈들을 그냥 놔두지 말고 뒤를 바싹 쫓아라. 승리는 우리의 것이다. 우리가 제일 먼저 저들을 쳐부수고 공을 세우자."

임간이 앞에 서서 칼을 높이 든 채 소리쳤다.

"와와! 와와!"

군사들의 함성이 골짜기를 뒤흔들었다.

"병사들이여, 나를 따르라! 우리의 적 여진족을 한 놈도 남김없이 쳐부수자."

"와와! 나가자!"

임간과 그의 군사들은 함성을 내지르며 달아나는 여진족을 바짝 내쫓았다.

그러나 앞뒤 재지 않고 너무 적진 깊숙이 쳐들어갔던 것이다.

적은 생각처럼 만만치가 않았다. 달아나던 그들이 정신을 차리고 되돌아서 무섭게 반격해 왔다.

"장군, 저들은 말을 타고 내달리면서 긴 창과 칼로 우리 군사를 해치고 있습니다. 하지만 우리 군사는 두 다리로 걸어다니며 말 탄 저들과 싸워야 합니다."

"옳습니다. 후퇴하는 것이 희생을 줄이는 길인 줄 압니다. 우리는 기마병의 상대가 되지 않습니다."

임간의 여진 공격 건의를 처음부터 반대했던 척준경이 다급하게 말했다.

"내 그대의 말을 듣는 것인데 공연한 욕심을 내었던 것 같소."

임간의 목소리는 힘이 없었다. 공명심 때문에 무리하게 적진 깊숙이까지 쳐들어간 것을 후회하였지만 상황은 매우 다급하게 전개

되고 있었다.

"와와! 와와! 쏴라, 쏴라!"

여진족들은 임간이 자기네 전략에 빠진 것을 눈치채고는 더욱 큰 소리로 외쳐대며 말 머리를 돌렸다.

임간 일행은 그 소리가 마치 지옥의 저승사자들의 웃음소리만큼이나 기분 나쁘게 들렸다. 등골에는 진땀이 흘렀다. 온몸의 힘이 빠져 나가는 기분이었다.

"후퇴하라!"

다급해진 임간이 소리쳤다.

고려 병사들은 앞을 다투어 뒤돌아서 걸음아 날 살려라 하고 달아났다.

하지만 말을 안 타고 두 다리로 험한 산비탈을 달려가는 고려 병사들이 말을 탄 여진 병사들보다 빠를 수는 없었다.

"으윽!"

"아이구, 나 죽네!"

뒤처졌던 몇 명의 병사들이 여진족의 무자비한 칼에 목이 떨어졌다. 골짜기는 피비린내가 진동하기 시작했다.

싸움이 벌어진 골짜기는 그야말로 아수라장이었다.

여진족들은 굶주렸던 이리 떼처럼 날뛰었다. 눈에는 시뻘겋게 핏발이 서서 더 큰 소리를 지르며 몰려왔다.

"장군, 제게 말과 병기를 주십시오!"

보다못한 젊은 장수 척준경이 임간에게 외쳤다.

"그러시오. 그대가 나가 달려드는 여진의 무리를 막아 보시오."

임간이 더 생각할 것도 없이 허락하였다.

척준경은 민첩하게 말에 올라타 칼을 뽑아 들었다.

그리고는 군사들을 뒤돌아보며 목청껏 외쳤다. 울음 섞인 큰 소리였다.

"이대로 우리가 물러설 수는 없다. 저 짐승 같은 놈들을 목숨을 바쳐 막아 내자. 그렇지 않으면 사기가 오른 저들은 개경까지도 쳐들어갈지 모를 일이다."

"와! 와! 와!"

늠름한 젊은 장수 척준경의 말에 군사들은 사기를 얻어 함성을 질러 댔다.

느닷없이 나타난 젊은 장수 척준경을 보고 여진족이 흠칫했다.

"진격, 앞으로!"

척준경은 목이 터져라 크게 위엄 섞인 소리로 명령했다.

"와와! 오랑캐를 쳐부수자! 여진족을 물리치자!"

"덤벼라, 덤벼!"

패잔병이 되어 달아나던 고려 병사들은 어디서 그런 힘이 났는지 골짜기가 떠나가라 외쳐 대면서 여진족을 향해 나갔다.

이제 싸움은 다시 팽팽하게 전개되었다.

전쟁터의 싸움도 아이들 싸움과 닮은 데가 있었다. 지던 아이가

갑자기 죽을 힘을 다해 악을 품고 덤비면 때리던 아이가 겁을 먹고 머뭇거려지듯이 말이다.
　기세가 등등하던 여진족이 섣부르게 달려들지 못하고 주춤거리고 있었다.
　그 순간이었다.
　"네 이 짐승만도 못한 놈들! 내 칼을 받아라!"
　척준경이 칼을 잡은 채 비호같이 말을 적진으로 몰며 소리쳤다.
　"에잇!"
　척준경은 눈깜짝할 새에 적군의 우두머리로 보이는 사람의 목을 단칼에 떨어뜨렸다.
　그리고 여진족 두 명을 포로로 잡았다.
　그와 거의 동시에 척준경의 부하 준민과 덕린이 적 한 명씩을 활로 쏴 죽였다.
　순식간에 벌어진 일이었다.
　"아니! 고려군에도 저런 장수가 있었나?"
　여진족은 입을 딱 벌리고 진격해 오던 걸음을 멈칫했다.
　그러나 그들도 그대로 물러나면 끝장이라는 것을 눈치챘는지 다시 달려들었다.
　"얏! 얏!"
　"야앗! 얏!"
　"으악! 사람 살려요!"

윤관

치열한 싸움 중에 여진족 두 명이 비명을 지르며 말에서 고목 굴러떨어지듯이 굴러 내렸다.

척준경과 그의 부하의 칼이 먼저 여진족의 목과 가슴을 쳤던 것이다.

"와! 와!"

"우리가 마저 쳐부수자!"

그 모습을 보고 고려 병사들은 저절로 사기가 올라 소리쳤다.

이제 분위기는 뒤바뀌었다. 고려군의 사기는 하늘을 찌를 듯했고 여진족의 사기는 땅에 떨어졌다.

그렇게 되니 여진 무리는 고려군 진지 앞에 접근을 못 하였다. 하지만 여진족은 모두 말을 탔기 때문에 불리한 것은 고려군이었다.

"모두 재빨리 성으로 들어가자."

임간은 더 싸웠다가는 아군이 불리하다는 것을 얼른 눈치채고 소리쳤다.

성에 돌아와 보니 고려군은 상처투성이였다. 군사가 절반은 돌아오지 못했다. 모두 여진의 칼이나 창, 활에 희생된 것이다.

임간은 깊이 후회했다. 허나 이미 때는 늦었다.

하지만 여진족은 고려군이 후퇴하는 것을 알고 군사를 몰아 뒤쫓아왔다.

여진족은 맹공격하여 정주성까지 난입하였다. 그리고는 닥치는 대로 성 사람들을 죽이고 불을 질렀다.

결과는 임간의 대패배였다.

그 결과를 놓고 조정에서는 패배에 대한 책임을 묻는 논의가 벌어졌다.

숙종은 몹시 화가 났다. 그래서 임간과 그의 부하 이영, 황유현, 송충, 황공륜, 조규를 파면시켰다.

그리고 공을 세운 척준경 등에게 특상을 주었다.

8. 여진족과의 첫 싸움에서 진 윤관

임간이 여진족과의 싸움에서 진 것은 조정에 큰 충격을 주었다.
"개인의 공명심 때문에 여진 무리에게 패한 것은 원통한 일이오. 이번에 우리가 졌기 때문에 저들은 우리 고려를 무시할 것이오. 그래서 북방은 더욱 어지러울 것이오. 그러니 대신들은 어찌 대처하면 좋을지 그 대비책을 논의해 보시오."
숙종은 심각한 표정을 지은 채 엄숙한 목소리로 명령했다.
조정의 대신들도 모두 엄숙한 얼굴로 앉아 여진에 관한 문제를 논의하기 시작했다.
"여진 무리들이란 워낙 오랫동안 사람다운 생활을 못 해 온 무리라 믿을 수가 없는 줄로 아룁니다. 먹이를 보면 놓지 않는 짐승의 습성을 지니고 있는 족속들이옵니다. 그러니 이후에도 그냥 있지 않고 반드시 또 쳐들어와 시끄럽게 굴 것입니다."
"옳은 말인 줄 압니다. 우리가 저들에게 약함을 보였으니 저들은 이 기회를 놓치지 않을 듯합니다. 예전에 우리가 베푼 호의는 이미 까맣게 잊었을 것입니다."

윤관

한 대신이 맞장구를 쳤다.

"그렇다면 어찌해야 될 것 같소?"

숙종이 대신들을 둘러보며 물었다.

"신의 생각으로는 저들과 화해를 모색하는 게 좋을 듯하옵니다. 자고로 적이 강해지면 화친을 맺는 것이 큰 싸움을 피하는 길이라 생각되옵니다."

"화친? 짐승 같은 여진 무리와 화친을 하라고?"

숙종의 눈꼬리가 치켜졌다.

대신들은 이런 임금의 안색을 보자 입을 꼭 다물고 머리를 조아리고 있을 뿐이었다.

숙종은 그 눈치를 얼른 알아차렸다. 그래서 얼른 안색을 풀며 다시 말했다.

"무슨 의견이든지 주저하지 말고 모두 내 보시오."

"신의 생각에는 당분간은 화친을 맺는 게 상책이 아닐까 하옵니다. 오랑캐들에게 굽힌다는 것은 수치스러운 일이지만 수많은 군사를 잃지 않고 수습하는 길이 전쟁에서 이기는 길이라 여겨져서……."

한 대신이 말끝을 흐리며 숙종의 눈치를 살폈다.

"그대의 의견도 화친이라? 그래 오랑캐와 손을 잡는 방법밖에는 없소?"

숙종은 속이 몹시 답답한 듯이 독백처럼 내뱉었다.

그 말에 다시 침묵이 회의장을 휩싸고 돌았다.

"우리 고려의 태조께서 나라를 신라에서 물려받으신 거나 마찬가지지만 옛 고구려 뒤를 이으려고 하셨습니다. 지금 여진족이 흩어져 살며 날뛰는 땅도 예전에는 다 고구려 땅이었습니다. 우리는 이 땅을 다 차지하여야 한다고 생각합니다."

한 중신이 무겁게 입을 열었다.

"옳거니, 그래서?"

숙종의 입가에 엷은 미소가 번졌다.

"신은 지금 여진의 힘이 커져 우리 북방으로 뻗어오는 것을 그대로 두어서는 안 된다고 생각합니다. 그 기세를 꺾어 다시는 우리 고려를 넘보지 못하게 하고 그들의 근거지를 없애야 합니다. 그들과 화친을 맺는다면 그들에게 우리의 약함을 노출하는 것이 되어 안됩니다."

"그렇다면 어찌하면 좋겠소?"

숙종의 안색이 기대감으로 충만했다.

"저는 이 기회에 우리 군사를 일으켜 여진족을 정벌해야 한다고 생각합니다. 그래야 저들은 우리가 강하다는 것을 느끼고 다시 침략해 오지 않을 것입니다."

"맞소! 내 생각도 바로 그거요."

숙종이 무릎을 치며 좋아했다. 중신 회의는 끝난 거나 마찬가지였다.

윤관

임금이 북벌을 결정하는 듯한 말을 했는데 감히 어느 부하가 반대를 하겠는가.

숙종은 속으로 북벌을 주장하는 말이 대신들의 입을 통해 나오기를 기다렸다가 얼른 명령했다.

"여진족을 무찌르는 북벌을 결정하겠소. 여러 대신들은 모두 나라를 위하는 한마음으로 북벌 계획을 진행시켜 주기 바라오. 모두 내 뜻을 알겠소?"

숙종은 여러 대신들을 하나하나 훑어보며 엄한 목소리로 다짐을 받았다.

"예, 알겠나이다."

그 후 궁궐이 있는 개경에는 북벌 계획을 진행하느라 숨가쁜 분위기가 계속되었다. 병사들을 각 지방에서 이동하고 전쟁에 쓰일 여러 가지 무기를 부지런히 만들었다.

또 군량미도 모아 운반해야 했다.

그리고 무엇보다 중요한 것은 싸움에 진 군사들을 다독이는 일이었다.

적군에 대한 두려움을 없애 주고, 떨어진 사기를 되찾아 주는 어려운 일이 진행되었다.

그러나 가장 중요한 것이 남아 있었다. 그것은 고려 장수를 누구로 할 것이냐 하는 문제였다.

중신 회의가 다시 열렸다.

"이제 북벌 준비가 어느 정도 되었으니, 오늘은 북벌군 총사령관인 동북면 행영병마도통(지금의 지방 군사령관 격)으로 누구를 뽑아야 우리가 승리할 수 있는지 논의해 주기 바라오."
숙종이 회의를 소집한 목적을 여러 대신에게 알렸다.
"며칠 전에 서여진의 거라불, 마포 등 마흔아홉 명이 와서 그들의 토산품을 바치고 갔습니다. 이처럼 서여진은 양순한데 동여진은 그 성품이 야수와 같이 거칠어서 큰일입니다. 그들의 거친 행동이나 성질을 꺾어 놓을 재목감으로 동북면 행영병마도통이 마땅한 줄로 압니다."
한 대신이 어렵게 입을 열어 말을 꺼냈다.
"맞소. 그런데 그런 재목감으로 누가 좋으냐 이 말이오?"
숙종의 말에 또 분위기는 쥐죽은 듯이 조용해졌다.
"입들을 다물고 가만히 앉아 있지 말고 속생각을 기탄없이 말해 보시오."
숙종이 답답한 나머지 이렇게 말을 하고 대신들을 한번 휘둘러 보았다.
"우리 군의 대장으로는 지추밀원사 겸 한림학사승지인 윤관이 제격이 아닌가 하옵니다."
"옳은 생각입니다. 윤관 승지가 가장 적합한 인물이옵니다."
"신의 생각도 그렇사옵니다."
한 대신이 윤관을 추천하자, 마치 기다리고나 있었다는 듯이 너도 나도 윤관이 좋다고 추천하고 나섰다.

"으음, 그래요? 실은 내 생각도 여러 대신들의 생각과 같소. 그럼 윤 승지를 동북면 행영병마도통으로 임명하겠소. 윤 승지에게 명을 내려 여진족을 몰아 내게 하겠소."

숙종은 중광전에 나와 윤관에게 부월을 내렸다.

'부월'이란 임금이 전쟁터에 나가는 총사령관에게 내리는 작은 도끼를 말한다. 임금이 이 도끼를 내리는 것은 총사령관의 말을 듣지 않는 자는 사형시킬 권리도 준다는 상징이었다. 고려 때는 무신이 문신보다 신분이 낮았으므로 큰 군사 작전이 있을 때에는 총사령관인 원수직도 문신이 맡았다. 그래서 윤관은 문신이었지만 총사령관이 되었던 것이다.

"그대는 나의 뜻이자 나라의 뜻을 이루어 주기 바라오."

"폐하, 황공하옵니다. 폐하의 뜻을 받들어 꼭 승리하고 돌아오겠습니다."

윤관은 숙종에게 부월을 받아들며 새로운 각오로 충성을 다짐했다. 윤관은 너무나 영광스러워 기쁨을 가눌 수가 없었다. 자기에게는 과분한 자리라고 생각했다.

'오랑캐를 꼭 무찔러 옛 고구려의 땅을 되찾으리라.'

윤관은 속으로 다짐하고 또 다짐했다.

윤관은 집 식구들에게도 그 사실을 알렸다.

"여보, 여진 무리는 거칠기가 짝이 없다는데 당신이……."

부인은 차마 뒷말을 잇지 못하고 근심과 걱정어린 눈에 눈물부터 고였다.
"그 무리가 거치니까 내가 가는 것 아니오? 거친 것을 꺾고 길들이기 위해서 말이오."
윤관은 일부러 더 여유로움을 보이며 껄껄 웃기까지 했다.
"아버님, 몸 조심히 다녀오십시오."
"걱정 마라. 어차피 한 목숨이니 나라를 위해 바치는 거야 당연하고 영광스러운 일 아니겠느냐. 너희들은 어머니 잘 모시고 있어야 한다."
"예, 명심하겠습니다."
윤관은 가족들의 배웅을 받으며 북방으로 떠나갔다.
혼자 떠나는 길은 아니었지만 착잡했다.
강을 건너고 산을 넘는 길은 지루하기만 했다. 강을 건너고 마을을 지나면서 깊은 생각에 잠겼다.
'모두가 아름다운 강산이구나. 그런데 이 정든 산하를 다시 볼 수 있을까. 어쨌거나 내 목숨을 바칠 각오로 적군을 물리치리라.'
윤관은 북방으로 가는 말 위에 앉아 각오를 새기고 또 새기었다.
며칠 만에 정주성에 닿았다.
새로운 원수 윤관이 부임한다는 말을 듣고 성 안의 군사들이 다 모였다. 윤관은 그 군사들을 말에 탄 채 휘둘러 보았다.
'모두 싸움에 패한 지 얼마 안 돼 사기가 말이 아니군. 얼굴빛과

눈빛에는 두려움이 배어 있어.'
윤관은 한눈에 파악할 수 있었다.
하지만 군사들이 지쳐 있다고 자기까지도 겁을 먹는다면 싸움은 시작도 하기 전에 끝난 거나 마찬가지였다.
윤관은 군사들을 향해 우렁찬 목소리로 소리쳤다.
"나는 여러분과 함께 힘을 합쳐 여진족을 물리치러 온 윤관이다. 우리가 지난번에 실수한 것은 병가상사다. 싸움에는 이기는 게 좋겠지만 다음에 더 크게 이기기 위하여는 작게 질 수도 있다. 모두 지난일을 떨쳐 버리고 자신감을 갖고 임하자. 우리가 여기서 밀리면 우리 후손들도 대대로 밀리게 된다. 자, 모두 용기를 갖고 오늘부터 훈련에 임하자!"
"와! 와!"
"윤관 원수 만세!"
군사들은 용기를 되찾아 기세를 올렸다.
며칠간 싸울 의사를 잃었던 병사들을 다독이며 용기를 불어넣어 주었다. 그러면서 다시 대오를 정비하였다.
병사들은 윤관의 생각대로 잘 따라 주었다. 다시 사기가 예전처럼 높아졌다.
윤관은 드디어 여진족을 치기로 결정하고 군사들에게 전투 준비를 시켰다.
전투 복장을 갖춘 군사들이 도열해 섰다.

윤관이 그 앞에 나서서 천천히 입을 열었다.

"드디어 우리가 기다리고 기다리던 시각이 다가왔다. 우리는 나라와 백성을 위해 개인의 목숨을 아낌없이 버릴 각오로 여진족과 싸우자. 이 싸움은 우리 나라의 장래가 걸린 싸움이다."

윤관의 우렁찬 말에 군사들은 어금니를 꽉 물며 각오를 굳게 하였다.

"자! 나가자! 싸우자! 쳐부수자!"

"와! 와!"

"오랑캐들이여, 우리의 칼을 받아라!"

군사들은 함성을 지르며 윤관의 명령대로 성문을 박차고 나갔다. 성 밖에서는 치열한 싸움이 벌어졌다.

초봄이라 날씨는 아직 쌀쌀했다. 봄기운이 감돌기는 했지만 아직 들판과 산에는 새싹이 고개를 내밀지 않고 있었다.

봄을 노래하는 새 소리 대신 온 산과 들에 병사들이 찌르고, 베고, 기합 넣고, 비명 지르는 소리가 가득했다.

윤관은 비호같이 말을 달려 나가며 닥치는 대로 적의 목을 베었다. 귀신 같은 솜씨였다.

순식간에 대여섯 명의 적군이 쓰러졌다.

그러나 보병 부대인 고려군이 말 탄 여진족의 기병을 당해 낼 수는 없었다.

윤관은 삼십여 명이나 되는 적군의 목을 베는 성과를 올렸으나

많은 부하들이 죽었다. 죽거나 다친 고려 군사는 과반이 넘었다.
결과는 임간 때와 마찬가지였다. 여진 무리에게 패한 것이다.
윤관은 더 어쩔 수 없이 후퇴를 하면서도 울분을 참을 길이 없었다. 그렇다고 혼자 적을 다 상대할 수도 없는 노릇이었다. 피눈물을 흘리면서 여진족과의 싸움에서 후퇴하는 수밖에 없었다. 더 싸웠다가는 더 많은 희생자를 낼 것이 뻔했기 때문이다.
윤관은 여진족의 우두머리에게 전했다.
"예부터 그대들과 우리 고려는 형제처럼 지내 왔다. 그런데 그런 의리를 끊고 이렇게 서로 피를 보아서야 되겠는가? 그러니 예전처럼 다시 사이좋은 관계로 돌아가기로 하고 싸움을 중단함이 어떻겠는가?"
윤관은 여진족을 다독이는 말씨로 달랬다.
이에 여진족도 고려를 더 건드려 봐야 이로움이 없음을 알고는 못 이기는 체 윤관의 의견에 동의했다.
윤관은 여진족과 화친하기로 약속을 하고 개경으로 향했다.

9. 별무반 양성

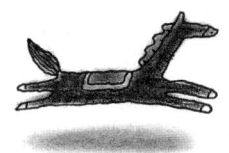

　윤관이 여진족과의 싸움에서 패하고 돌아오자 술렁거리기 시작했다. 늘 임금의 신임을 받으며 가까이서 일하던 윤관인지라 시기하는 사람들도 많았던 것이다.
　"윤관이 여진족과의 싸움에서 패했으니 마땅히 그에게 벌을 내리심이 옳습니다."
　"신도 그리해야 옳은 줄로 아뢰오. 지난번에 패한 임간 일행에게도 벌을 주었으므로 형평을 고려하셔야 될 줄로 아뢰오."
　숙종은 대신들의 말을 들으며 눈을 내리감고 입술을 꾹 다문 채 깊은 생각에 잠겨 있기만 했다.
　'나의 왕권 강화를 위해서 애쓴 사람인데……. 우선 왜 패했나 윤관의 얘기부터 들어 보자. 그런 후에 벌을 주더라도 주자.'
　숙종은 겉으로는 말을 하지 않았지만 속으로는 윤관을 누구보다 생각하고 있었다.
　그런 숙종의 속마음을 눈치챘는지 윤관을 벌 주어야 한다는 얘기는 그치지 않았다.

"왜들 한마음이 안 될까. 여진족과의 싸움도 이영 등은 극구 반대하고 임언 등은 싸워야 한다고 서로 상반된 의견으로 다투더니, 하긴 인간이란 서로 의견이 다를 수……."

숙종은 눈길을 멀리 하늘에 둔 채 혼자말로 중얼거리다가 입을 닫았다.

'윤관을 벌 주기보다는 그가 오거든 패한 원인을 들어 보고 미비점을 보완해야 돼. 윤관은 나의 오른팔이나 마찬가지라 이제는 나와 윤관이 주도하는 대로 일반 중신들이 별소리 없이 따라오는데. 하지만 여진 오랑캐에게 진 것을 생각하면 분함을 참을 수가 없어. 더구나 그렇게 믿었던 윤관까지도 패하다니…….'

숙종은 분함을 참느라 어금니를 꽉 물었다. 두 볼의 근육이 힘 있게 움직였다.

그럴 즈음 윤관이 입궐하여 숙종 앞에 엎드렸다.

"폐하! 소장 면목이 없나이다. 여진에 패하고 돌아온 죄를 책하여 벌을 내려 주소서."

숙종은 일순간 반갑기도 하였으나 입을 한일자로 굳게 다문 채 앞에 엎드려 있는 윤관을 내려다보았다.

이내 마음 속으로 감정 정리를 다했는지 천천히 물었다. 위엄이 잔뜩 서려 있는 무거운 목소리였다.

"그래, 원인이 뭐요?"

"아뢰옵기 황송하오나 제가 적군의 세력을 보건대 무척 거세고

강했습니다. 저들은 말을 타고 기동력 있게 싸우는데 우리 아군은 발로 걸어다니며 싸우느라 질 수밖에 없었습니다."

"으음······!"

숙종은 신음 소리 비슷한 한 마디를 토해 내고는 더 이상 말이 없었다.

'윤관의 보고가 옳을 것이다. 그래서 저번에도 임간이 졌구나. 맞는 말이야. 말을 탄 기병과 보병의 싸움은 처음부터 결론이 나 있는 것이나 다름없다. 보병으로 여진의 기병을 치는 일은 어려운 일이다. 이것은 윤관의 실수가 아니라 미리 대비치 못한 우리 고려군의 잘못이다.'

숙종은 속으로 윤관의 말을 긍정하고 결심을 굳혔다.

"곰곰이 생각하니 윤관의 그 말이 옳은 것 같소. 싸움이란 여건이 안 되는데 사명감만 가지고 이길 수는 없는 일이오. 진 것이 분하지만 다음에는 이길 수 있는 대비책을 연구해 보고하기 바라오."

"······?"

"······!"

숙종의 뜻밖의 말에 윤관을 벌 주자던 중신들은 입을 다물 줄 몰랐다.

그렇다고 그것은 안 된다고 대들 입장도 못 되어 멍하니 바라보기만 하고 있었다. 그런 대신들의 속마음을 꿰뚫고 있던 숙종은 한 마디 덧붙였다.

"못마땅한 대신들도 있을 것이오. 그러나 윤관을 벌 주면 그 후임은 누가 하겠소? 우리가 한 사람을 벌 주기는 쉽지만 그만한 힘을 가진 재목으로 키우기는 매우 힘든 것을 잊지 말기 바라오. 혹시 내 말에 다른 의견이 있는 사람은 서슴없이 이의를 제기해 주시오. 그 사람을 여진족과의 싸움에 원수로 내보낼 용의도 있으니까."

숙종의 말은 불만 있는 대신들을 위하는 말도 되지만, 더 이상 쓸데없는 논쟁이나 모함을 용서치 않겠다는 경고도 되었다.

"……."

더 이상 그 문제를 거론하는 이가 없었다.

"그럼, 윤공은 여진족을 물리칠 계책을 연구하시오. 그리고 다른 대신들도 각자 좋은 계책이 있거든 협조하고, 모두 한마음으로 국정에 임해 주시오. 오늘 회의는 이만 끝냅시다."

숙종이 엄숙하고 굳은 표정으로 선언하듯 단호한 목소리로 말했다. 다른 대신들은 서로 눈치를 살피며 어전을 물러갔다.

"폐하! 성은이 망극하옵나이다. 죄인을 벌하지 않으시고 다시 살려 주시니 남은 목숨 다할 때까지 나라를 위해 노력을 아끼지 않겠습니다."

윤관은 숙종의 은혜에 감사할 뿐이었다. 그가 어전을 물러날 때는 뜨거운 눈물이 두 볼을 타고 줄줄이 흘러내렸다.

윤관이 어전을 물러나 밖으로 나오자 몇몇 가까운 대신들이 몰려와 위로를 했다.

그 위로의 말들을 들으니 기운이 새롭게 생겼다.

윤관은 그 날부터 여진 정벌 준비에 골몰했다.

숙종은 여진족에게 졌다는 것을 생각하기만 해도 분해서 견딜 수가 없었다.

숙종은 천지 신명에게 고하고, 맹세하는 글을 썼다.

천지 신명이시여! 제 소원을 들어 주시옵소서. 신이시여! 제게 은근한 도움을 내리시어 적을 소탕하게 하여 주시면 그 곳에 절을 창건하오리다. 제발 힘을 주소서.

숙종은 맹세하는 글을 향나무 상자에 담아 궁정에 잘 보관하게 했다. 노심초사 여진족을 물리칠 궁리로 왕이나 윤관 등 신하들이 고심할 때였다.

오월 하순이었다. 남경의 궁궐이 완성되었다는 보고가 올라왔다.

그 말을 듣고 기뻐한 것은 누구보다도 윤관이었다. 왜냐 하면, 윤관은 개창도감의 일을 맡아 남경에 내려가 직접 궁궐 짓는 것을 감독하다가 그 마무리를 못 보고 개경으로 왔기 때문이다.

궁궐이 완공되고 한 스무 날쯤 지나자 동북면 병마도통이 보고를 해왔다.

"여진족들이 스스로 그들 국경의 요새로 쓰이는 성에 둘러싸인

굵은 나무로 된 목책을 헐어 버렸습니다. 그리고는 공형, 지조 등 예순여덟 명의 여진 부족장들이 정주 관문에 찾아와서 화친하기를 간청했습니다. 그러니 이를 어찌하면 좋겠습니까?"

조정에서는 이 보고를 받고 즉시 회의를 하여 결론을 내렸다.

"우리가 어떤 대비책을 가질 때까지는 기간이 필요하니 여진족의 화해를 받아 주라."

그렇게 되니 시끄럽던 북방도 잠시지만 평화가 찾아왔다.

윤관은 밤낮 없이 여진족을 물리칠 계책 짜기에 시간 가는 줄 몰랐다.

칠월 하순 어느 날이었다.

숙종이 윤관을 불렀다.

윤관은 임금의 부름을 받고 의관을 갖추어 지체 없이 입궐하여 숙종 앞에 엎드렸다.

"부르셨사옵니까?"

"그래, 그 동안 좀 쉬시었소? 내 곰곰이 깊은 생각을 한 끝에 그대를 참지정사 겸 태자빈객의 자리에 올리려 하오."

"폐하! 하늘같이 높은 은혜를 다 어찌 갚사오리까?"

"그대가 충성심으로 갚고 있지 않소? 그래, 그전에 연구해 보라던 여진을 물리칠 계략은 뭐 좀 생각해 본 게 있소?"

숙종이 온화한 얼굴로 입가에 웃음기를 머금고 물었다.

"예, 미려하오나 그간에 곰곰이 생각하여 봤습니다."

"그래요? 그럼 어디 한번 얘기해 보시구려."

"예, 그렇게 하겠나이다."

윤관은 예를 갖춘 후, 마치 오늘 이 자리를 위해 외우고 있었다는 듯이 하나도 막힘없이 자기의 생각을 이야기하기 시작했다.

"제가 저번에 패한 것은 먼젓번에 말씀드렸듯이 저들은 기병인데 비해 우리는 보병이기 때문입니다. 그렇기에 우리도 하루 빨리 저들과 대적할 수 있는 기병을 양성해야 된다고 봅니다."

"기병 양성이라? 기병을 어떤 식으로 갑자기 양성하지?"

숙종이 깊은 관심을 보이며 좀 큰 소리로 물었다.

다른 대신들은 잠자코 열심히 듣기만 하였다.

"제 생각에는 전투력 증강과 기병의 훈련을 위해서는 정규군과 다른 별도의 대부대를 창설해야 될 줄로 압니다."

"별도의 부대를? 그게 어떤 제도인지 좀더 차근차근 설명해 보도록 하시오."

"별무의 부대는 신기군과 신보군, 항마군으로 나누는 게 좋겠습니다. 이 부대는 정규군과는 다른 별도의 부대이지요. 그러므로 정규군과는 별도로 편성하여 운영해야 하오며……."

윤관은 자기의 생각을 소신껏 설명하였다.

"그 내용을 하나하나 더 자세히 들어 봅시다. 아직 이해가 잘 되지 않는구려."

숙종이 더 관심을 보이며 눈을 좀 크게 뜨고 내려보았다.

다른 대신들도 처음 듣는 제도인지라 잔뜩 호기심어린 눈빛으로 바라봤다.

"제 생각에 우선 신기군의 조직은 이렇게 하고자 합니다. 관직에 있으나 정무를 보지 않는 문신과 무신 그리고 말단 벼슬아치들로부터 상인, 사환에 이르기까지 모두 이 신기군에 편입합니다. 또 주, 부, 군, 현에서 말을 기르는 사람들이 전부 신기군에 편입됩니다."

"음, 그럼 신보군은?"

"말을 가지지 않은 자는 전부 신보군에 편입시킵니다. 그런데 이 신보군은 다섯 가지의 전문 부대로 편성하려고 합니다."

"어떤 전문 부대들이오?"

"우선 첫째가 신보군, 둘째로 조탕군, 셋째로 경궁군, 넷째로 정노군, 다섯째로 발화군입니다. 조탕군은 돌격대를 말하고, 경궁군은 활 잘 쏘는 병사들로 이뤄지며, 정노군은 여러 개의 화살을 쏘아 한꺼번에 나가게 하는 활을 가진 부대로, 발화군은 불로 공격하게 합니다."

윤관은 자기가 계획하고 있는 것을 숙종이 알아듣기 좋도록 조리있게 설명했다.

"음, 듣고 보니 매우 조직적이고 합리적이군요. 신기군과 신보군은 그렇고 항마군은 또 어떻게 구성되오?"

숙종이 궁금증을 먼저 던졌다.

9. 별무반 양성

"항마군은 승려들로 구성하려 합니다."
"승려들도 전쟁에 나가 싸우게 한다?"
"우리 고려는 불교를 장려하므로 전국에는 많은 절이 있습니다. 그리고 각 절마다 여러 명의 승려들이 있어 불도를 닦고 있습니다. 그들은 평상시에는 불사에 종사하지만 전쟁시에는 무기를 들고 나서야 한다고 봅니다. 나라가 없으면 그들이 불도를 닦을 절 또한 온전치 못할 테니까 말입니다."
"음……."
"이미 당 태종이 고구려를 침입했을 때 3만 명의 고구려 승려들이 전쟁에 참여하였다는 말이 전해 오고 있습니다. 현재 우리 나라는 전국의 승려를 모으면 수만 명이 될 것입니다. 승려들이 성심껏 수도하는 정신으로 나라를 위해 나설 때는 아주 큰 힘이 될 것입니다."
"아주 획기적이고도 적절한 생각이오. 그래 그 별무반을 앞으로 어떻게 운영할 계획이오?"
"우선 우리 나라의 스무 살 이상의 남자로서 과거를 본 선비를 제외하고는 모두 징집하여 신기군과 신보군을 적소적재에 나누어 배치할 것입니다. 그리고 정규군과 더불어 별무반을 사계절 쉬지 않고 훈련시킬 것이며, 또한 양곡을 비축하여 비상시에 공급하도록 하겠습니다."
"참으로 좋은 강병책이오. 각자 말을 기르다가 전쟁이 나면 자기

말을 타고 참전한다니 우리도 기병이 생기는구려. 그 동안 수고가 많았소. 다른 대신들은 이 별무반 운영 생각을 듣고 어떻게 생각하오?"

숙종이 흡족한 웃음을 지어 보이며 기분 좋은 목소리로 주위를 둘러보며 물었다.

"아주 훌륭한 강병책이라고 생각합니다."

"윤공의 계획이 속히 실행에 옮겨졌으면 합니다."

대신들도 모두 좋다고 찬성하였다.

대신들 중에는 윤관을 시기하는 사람도 끼여 있었지만 별무반 구성 계획을 들어 보고 좋다고 안 할 수가 없었다.

"그러면 공의 생각대로 별무반을 조직하고 그 일을 적극 추진해 주시오. 오늘 이 자리에서 강한 병사들을 기르는 별무반 책임자로 공을 임명하겠소."

"폐하! 황공하옵니다. 신은 온 힘을 별무반 조직과 운영에 모두 바쳐 우리 고려군이 강해지도록 하겠습니다."

"고맙소, 윤공의 말을 들으니 이제야 내 마음이 든든해지는구려. 허허허."

윤관은 어전을 물러나온 직후 별무반 창설에 박차를 가했다.

1104년 (숙종 9년) 12월, 윤관은 별무반을 창설하였다.

별무반 중에서도 신기군은 백성들에게는 큰 관심거리였다.

"자네, 신기군 얘기 들어 봤어?"

"신기군이라니?"
"이런 아직 그런 말도 못 들어 본 걸 보니 소식이 깜깜이구먼."
"신기군이 뭔데?"
"우리 나라 사람은 스무 살만 넘으면 모두 싸움터에 나가는데, 말만 기르면 신기군으로 편성되어 말 타고 싸우는 군사가 된다는 거야."
"그래? 그럼 나도 말을 길러야겠군. 말을 기르면서 훈련을 잘 시키면 그 놈 타고 나가 전쟁을 할 수 있으니 이거 꿩 먹고 알 먹고이군 그래."
"누가 아니래나 이 사람아, 허허허. 그래서 나도 말 한 마리 기르기로 했네."
"두 발로 뛰어다니며 싸우는 것보다 말 타고 달리며 싸우면 설사 싸우다 죽는대도 한이 없겠군 그래. 나도 말을 길러 농사일에도 써 먹고 신기군에도 들어야겠군."
"그러자구, 우리 둘이 말 기르면서 평상시에도 누가 더 잘 타고 무술을 잘 하나 내기함세."
"그렇게 하세. 농사철 피해 훈련도 받아 두면 우리도 여진족 몇 놈쯤은 문제 없이 이길 걸세."
"아암."
나라 곳곳에 말 기르는 사람들이 늘어났다. 그러면서 평상시에도 말 타고 무기 쓰는 법을 장난삼아, 연습삼아, 훈련삼아 열심히들 하였다.

　그러는 광경을 보고, 얘기를 듣는 윤관은 가슴이 뿌듯했다.

　윤관은 별무반 창설이 온 백성들에게 나라를 지키고자 하는 새로운 각오를 심어 주었다는 게 무엇보다도 기뻤다.

10. 새 임금의 신임

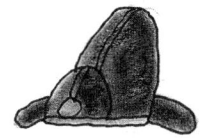

　숙종은 윤관이 여진과의 첫 싸움에 졌을 때 천지 신명께 약속한 대로 절을 짓게 했다.
　그 절 이름이 '천수사' 다.
　임금이 절을 짓고 부처님의 힘을 빌어 여진족을 물리치고자 한데는 그의 동생인 승려 대각국사 의천의 영향이 컸다.
　'의천' 은 자이고, 본명은 '왕후' 이다. 그러니까 성은 '왕' 이고, 이름은 '후' 외자이다.
　당시 고려는 철저한 불교 국가였다.
　고려 문종은 아들을 열세 명 두고 있었다.
　하루는 문종이 여러 왕자를 불러 모았다. 그리고는 느닷없이 물었다.
　"너희들 중 누가 중이 되어 부처를 공양하고 공덕을 닦겠느냐?"
　왕자들은 부왕의 물음에 어리둥절한 표정으로 서로 쳐다보기만 했다. 그 때 의천이 대답했다.
　"제가 중이 될 뜻을 품고 있습니다. 제가 아바마마께서 명령하시는 대로 행하겠습니다."

의천의 말에 다른 왕자들이 깜짝 놀라며 술렁대기 시작했다.

"좋다. 그럼 네가 중이 되어 부처를 공양하고 공덕을 닦아 봐라."

문종은 쾌히 허락하였다.

의천은 그 후 스승을 따라 영통사로 나갔다. 1065년 왕사 난원의 밑에서 승려가 되어 구족계를 받았다.

의천은 영통사에서 난원으로부터 화엄의 교리를 익혔다.

1085년에 송나라에 건너가 계성사에서 유성 법사에게 화엄, 천태 양종의 교리를 배운 후 여러 절을 찾아다니며 불법을 익혔다.

1086년에 귀국하여 불교 서적 3천 권을 왕에게 바치고, 흥왕사에 교장도감을 두어 송나라에서 가져온 많은 경전, 유서와 요나라, 일본에서 수집한 서적 등 4천 7백여 권을 교정 보고 간행하였다.

1094년부터는 흥원사, 해인사, 흥왕사의 주지를 거쳐 국청사 주지가 되어 천태교를 설법하였다.

1095년에는 화폐의 사용을 건의하여 이를 사용케 하여 윤관과 뜻이 맞았다.

1101년에 국사가 되었다. 국사란 임금이 스승으로 삼던 덕이 높은 사람을 말한다.

그러니까 숙종은 바로 자기 밑 동생을 국사로 맞은 것이다.

그러니 대각국사의 영향이 클 수밖에 없었다.

또한 절을 짓고 불교 행사의 힘으로 적을 물리치고자 한 이유는

윤관

술렁이는 인심을 그렇게 극복하려는 의도도 있었다.

윤관은 천수사 짓는 일을 책임 맡았다.

윤관은 몹시 바빴다. 별무반 조직만 해도 벅찬 일인데 천수사 짓는 일도 감독해야 했으니 말이다.

하지만 불평하지 않고 즐거운 마음으로 그 일을 함께 해냈다.

언뜻 보면 별무반 조직과 천수사 절 짓는 일은 전혀 다른 일 같지만 실은 그렇지가 않았다. 뿌리는 같은 일이었다.

고려는 불교 국가였기 때문에 중요한 일이 있을 때마다 절을 지었다.

그래서 불교의 힘으로 큰 일을 해내려는 것이다. 그것은 온 나라 백성들의 신앙이 같을 때만 할 수 있는 일이었기 때문이다.

유명한 고려 팔만대장경도 부처님의 힘으로 외적을 물리치고자 만든 것이다.

이런 뜻에서 천수사를 짓는 일도 온 백성의 신앙심으로 짓기 때문에 아무에게나 감독을 맡길 수는 없었다.

그래서 임금의 중신 중에 중신인 윤관이 맡았던 것이다.

하지만 안타깝게도 숙종은 그 해 가을에 서경(지금의 평양)에 갔다가 병이 생겨 돌아오는 길에 생을 달리하고 말았다.

윤관에게는 청천벽력이었다. 자기를 누구보다 신임하던 임금이 승하했으니 그 슬픔은 이루 말할 수 없었다.

이 틈새에 자기를 시기하는 자들이 고개를 들고 일어날 것은 뻔했다. 하지만 숙종의 왕자로 새 임금이 된 예종도 윤관과는 밀접한 관계가 있었다.

그렇지만 윤관은 어린 왕이 정국을 손아귀에 넣기까지에는 기간이 걸릴 것이므로 그새 이런저런 말이 들어가 별무반 조직에 차질을 빚을까 걱정이었다.

예종이 숙종의 뒤를 이어 즉위하였다.

예종의 이름은 '우'요, 자는 '세민'이다. 그는 숙종의 큰아들로 문종 33년에 태어났다. 윤관이 과거에 합격한 그 때부터 6년째 되던 해였다.

윤관은 예종이 동궁 시절일 때 그를 직접 가르쳤다. 그러니까 새 임금의 스승이었던 셈이다.

예종은 속이 깊고 침착하였으며 도량이 넓은 편이었다.

예종은 1105년 11월에 윤관을 높은 벼슬자리에 오르게 했다. 정2품이 되는 벼슬자리였다.

이 것은 예종이 즉위하여 처음하는 인사 이동이었다.

"윤공께서는 부왕 때와 마찬가지로 내가 왕위에 있는 동안에도 성심 성의껏 나라일을 해 주기 바라오."

예종이 윤관에게 말했다.

"폐하, 성은이 망극하옵니다."

윤관은 엎드려 절하며 감격스런 목소리로 아뢰었다.

"아바 마마께서 짓게 하신 천수사 일도 서둘러 주시되 별무반 조직도 더 신경 써 주기 바라오."

"폐하, 여부가 있겠습니까."

왕은 바뀌었지만 윤관에 대한 신임은 한결같았다.

윤관은 아랫사람들과 힘을 합쳐 별무반의 군사 훈련을 시키는 동시에 한편으로는 열심히 병기를 만들었다.

또한 곡식을 저축하여 머지 않아 있을 여진 정벌의 준비를 착착 진행시켰다.

예종도 숙종과 같이 여진에 대한 경계를 늦추지 않았다. 동북면 쪽인 함경남도 함흥, 원산 지방의 곳곳 경계를 순찰케 하여 그들의 동태를 살피고, 유능한 지휘관들을 그 곳 병마사에 임명하였다.

고려에서 동북면에 대한 방비를 엄하게 하고 있는 사실을 눈치챈 여진도 고려에 대한 군사 행동을 준비하고 있었다.

그럴 즈음 여진족 영가의 부하인 지훈이, 공아 등 열 명을 보내어 조공을 바치려 하였다. 그 소식은 예종에게 보고되었다.

"조공 바치러 온 여진족들을 정성껏 대접하여 보내도록 하라."

예종이 신하들에게 명령했다.

"저들은 오랑캐들이므로 조공만 받고 돌려 보내면 될 줄로 압니다. 정성껏 대접을 해 보내면 우쭐해져서 어떤 행동으로 나올지 모르는 일입니다."

"저들은 인간의 도리가 무엇인지 잘 모르는 무리들이라……."

"내게도 다 속셈이 있어 그러는 것이지 저들이 예뻐서 그러는 것은 아니오. 우리가 융숭한 대접을 해야 여진족들이 안심할 것 아니오. 그들이 우리 고려에 대해 군사 행동을 하지 않도록 견제하는 동시에 고려가 여진 정벌의 준비를 완료할 때까지 충분한 시간을 벌자는 것이오."

예종의 깊은 생각을 안 신하들은 고개를 숙이고 더 이상 반대하지 않았다.

조공 온 여진족들은 대접을 잘 받고 돌아갔다. 그들이 돌아가 대접 받은 이야기를 하자 여진족의 왕은 매우 기뻐하였다.

그 해 봄에 기병 2천 명을 거느리고 고려군이 지키는 성 밖에 와 주둔하며 진정으로 복종하는 태도를 보이면서 말하였다.

"공아가 조공하러 갔을 때 후하게 대접하여 돌려 보내시니 그 은혜가 지극합니다. 앞으로 어찌 그 은혜를 저버리고 배반하겠습니까. 저희 자손 대대로 조공할 것을 원하고 맹세합니다."

이와 같이 동여진이 고려를 침입할 뜻이 없음을 표시하자 고려에서는 안심하였다.

곧 동계가발병마사 김덕진과 병마부사 임신행을 소환하였다.

'동계가발병마사' 란 동계는 국경의 군사 지대를 말하며, 가발은 추가로 징발한다는 뜻이고, 병마사는 요즘으로 표현하면 군사령관 격으로 지방 행정에도 일정하게 관여하였다.

그러나 속으로는 더욱 여진 정벌 준비에 주력하였다.

예종은 1106년 가을에 윤관을 불렀다.

"부왕 때부터 천수사 짓는 일을 감독하느라 고생이 너무 많으셨소. 그 노고를 치하하는 뜻에서 이 물소뿔로 만든 띠를 내리니 흔쾌히 받아 주기 바라오."

예종은 윤관에게 허리에 띠를 채워 주며 말했다.

"폐하, 성은이 망극하옵니다."

윤관의 목소리는 감격하여 떨고 있었다.

속으로 더 열심히 임금을 보필하고 나라를 위해 일하겠다고 몇 번이고 결심을 했다.

그 해 초겨울인 1월 어느 날이었다.

윤관은 오연총과 같이 신기군과 신보군을 사열하기로 했다.

숭인문 밖 넓은 벌판에 별무반의 신기군과 신보군이 도열해 섰다가 사열대 앞을 씩씩하게 행진해 지나갔다.

사열대에 선 윤관과 오연총은 참으로 흐뭇하였다. 별무반의 늠름한 모습을 보니 이제는 여진족쯤은 문제 없을 것 같았다.

그 해 12월, 예종은 궁궐 중의 하나인 문적전에 최홍사 등 스무 명이 넘는 대신들을 모이게 했다.

"내 오늘 여러 대신을 한자리에 모이게 한 것은 충신 윤관과 오연총의 강연을 듣게 하려 함에서요. 우리는 때로 훌륭한 분들의 애기도 들어야 생각에 보탬도 되는 법이오."

예종의 말에 대신들은 모두 조용히 앉아서 윤관의 강론을 경청했다. 막힘 없고 수준 높은 강의에 대신들은 속으로 탄복을 했다.

10. 새 임금의 신임

이어 오연총이 강론을 했다. 그의 강의도 훌륭했다.
두 사람의 강론을 듣고 대신들이 좋아하는 것은 물론 예종이 더 좋아했다.
"두 분의 강론에 담긴 뜻이 가슴을 울렸소. 내 기쁨의 표시로 주연을 베풀 것이니 여러 대신들은 즐겁게 즐기시기 바라오."
예종은 곧바로 성대한 잔치를 베풀어 주었다.
대신들은 술과 음식을 들며 윤관과 오연총에게 강연 내용이 좋다는 칭찬의 말을 아끼지 않았다.
강연이 있은 지 열흘쯤 지나 예종은 두 사람에게 경서를 강연한 것을 포상하는 뜻에서 옷과 띠를 내렸다.
두 사람은 의대를 받아들고 또 한 번 감격했다.

11. 막오른 북벌

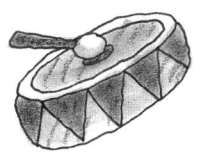

 1107년(예종 2년) 늦가을 어느 날이었다. 동계에 근무하는 한 장수로부터 조정에 긴급 보고가 들어왔다.
 "여진족장들은 수시로 저희들끼리 군사 회의를 자주 열며 수상한 군호를 사용하고 있습니다. 그리고 그들은 일부러 소규모로 우리 국경 마을에 자주 침입하며 우리의 태도를 떠보는 것 같습니다."
 예종은 이 보고를 받고 속으로 굳은 결심을 굳혀 가고 있었다.
 "내 곧 순천관 남문에 나가 별무반을 사열하고자 하니 준비하도록 하시오."
 예종은 굳은 표정으로 명령했다.
 "예, 그대로 거행하겠나이다."
 임금이 사열하겠다는 소식은 곧 윤관과 오연총에게 전해졌고, 여러 대신들도 참석 준비를 했다.
 "폐하께서 군 사열을 하시겠다는 것은 중대 결심을 하셨다는 것을 뜻하는 걸 거야."
 "맞아요, 폐하는 부왕 상중이라 출병할 여가가 없으셨지만, 중요한 결심을 하신 것만은 틀림없는 것 같구려."
"우리의 군대도 훈련을 착실히 쌓아 왔으니 이 기회에 여진족에게 맛을 보여 줘야 해요."
"누가 아니래요. 여진 무리란 원래 잘 대해 주면 그 때뿐이지 그 은혜를 잊고 덤빈다니까요."
사열장으로 가는 대신들은 긴장한 얼굴로 주고받았다.
사열장에는 벌써 윤관과 오연총이 신기군과 신보군 중 뽑힌 자들을 집합시켜 놓고 왕이 도착하기만을 기다리고 있었다.
모두 이제껏 보지 못하던 늠름한 모습이었다. 더욱이 자기가 기르던 말을 타고 나와 창, 칼을 들고 앉아 있는 기병의 모습은 보는 이로 하여금 눈을 의심케 할 정도로 용맹스러워 보였다.
사열식 순서에 따라 임금의 사열이 차질없이 진행되었다.
사열을 마친 예종의 입가에는 자신감과 흐뭇함이 번졌다.
"윤공, 오공, 그 동안 수고가 참 많았소. 오늘 이렇게 훌륭하고 용맹스러운 군사들을 보니 마음 든든하구려. 아바마마가 뜻을 못 이루고 가신 것을 우리가 해냅시다. 그래서 자손 만대 평화롭게 살아가는 터전이 되게 합시다."
예종의 치하하는 말에 윤관과 오연총은 허리를 깊게 굽혔다.
"성은이 망극합니다!"
"기필코 여진 무리를 쳐 없애고 말겠나이다."
윤관과 오연총 등 별무반 조직에 종사하는 사람들은 다시 한 번 각오를 새로이 다졌다.

"그대들의 각오를 들으니 가슴이 뿌듯하구려. 이제는 북벌에 나설 때가 된 것 같소. 윤공을 '원수'로 임명하고, 오공을 '부원수'로 임명하오. 두 사람은 아무쪼록 힘을 합쳐 온 백성들의 소원을 풀어 주시오."

예종은 두 사람을 원수와 부원수로 임명해 북벌의 의지를 만천하에 드러냈다.

이어서 재추 회의를 소집했다. 그런 후 여진의 최근 동향을 다시 보고 받고 여진 정벌의 의제를 회의에 내놓았다.

회의 도중 임금은 갑자기 벌떡 일어서서 중광전에 고이 간직했던 부왕 숙종이 여진 정벌의 소원을 빌었던 글을 펼쳐 대신들에게 읽게 했다.

그 글을 읽고 모든 대신들은 슬픔을 삼킬 수가 없었다. 숙종의 여진 정벌을 바라는 간절한 마음을 느낄 수 있었기 때문이었다. 더구나 숙종은 정벌 계획을 세우다 끝을 보지 못하고 세상을 떠나 그 아쉬운 마음을 글로 남겨 여러 대신들이 읽고 각오를 새로이 다지게 했다.

"선대 임금께서 남기신 뜻이 이같이 깊고 절실한데 어찌 적에 대한 복수를 잊을 수 있겠는가?"

예종은 주먹을 불끈 쥐며 큰 소리로 의지를 다졌다.

대신들의 표정도 북벌 의지로 굳어졌다

"폐하, 선왕의 뜻을 이어받아 여진을 토벌할 것을 청원합니다."
윤관이 먼저 힘찬 목소리로 주장하고 나섰다.
"윤공의 주장이 타당한 줄로 아룁니다. 정벌의 기회가 찾아온 것 같습니다."
"이번 기회에 명령을 내리시어 여진을 정벌케 하심이 옳은 줄로 아뢰오."
정벌을 주장하는 대신들이 연이어 말했다.
하지만 속으로 반대하는 대신이나 더 두고 기회를 보았으면 하는 대신들은 입을 꾹 다물고 있었다. 회의 분위기가 그런 말을 꺼낼 수 없게 만들었기 때문이다.
"분한 생각 같아서는 당장이라도 진격 명령을 내리고 싶지만 한 치의 오차도 없게 하기 위해서는 감정을 앞세워서는 안 되는 법이오. 최홍사는 태묘에 가서 점을 쳐 가지고 오시오. 그 점괘대로 결정하게."
예종이 흥분한 대신들의 마음을 지그시 누그러뜨리며 말했다.
최홍사는 즉시 태묘로 가 점을 쳤는데 '좋다'는 점괘가 나왔다.
"그럼 여진 정벌을 명하노라. 북벌군 원수인 윤공과 부원수인 오공은 17만의 군사로 북벌길에 오르시오. 내 그대들의 필승을 바라는 마음으로 북벌길을 배웅할 것이오."
드디어 예종의 명령이 떨어졌다. 엄숙하면서도 심각하며 숨가쁜 순간이었다.

"성은이 하해와 같사옵니다. 제가 일찍이 선왕의 은밀한 명령을 받았고, 이제 또 폐하의 엄명을 받았습니다. 그러니 어찌 감히 삼군을 통솔하고 적의 보루를 격파하여 우리 강토를 개척하고 지난날 나라의 수치를 씻지 않겠습니까?"
윤관은 예종 앞에 엎드리며 결의를 다졌다.
"여진이 거칠기로 소문이 나 있는데 과연 우리가 그들을 쳐부술 수 있을까요?"
오연총이 자못 불안해하며 윤관에게 속삭였다.
이 말을 듣고 윤관은 분개한 목소리로 타일렀다.
"당신이나 내가 아니면 그 누가 감히 죽음의 땅으로 가서 국가의 치욕을 씻을 수 있단 말이오? 국가 정책이 여진 정벌 쪽으로 이미 결정되었는데 무엇을 의아스럽게 생각한단 말이오?"
윤관의 말에 오연총은 잠자코 있었다.
"모든 군사들은 듣거라. 우리는 이제 그렇게 기대하던 북벌의 장도에 오른다. 누구나 목숨을 바칠 각오로 싸워야 여진을 물리칠 수 있다. 그들을 물리쳐야만 우리 후손들이 맘 놓고 살 수가 있으니 각자 명심하기 바란다. 적과의 싸움에서 죽기를 각오하는 자는 살아 남을 것이고, 목숨을 부지하고자 하는 자는 곧 죽게 될 것이다. 자, 그럼 적을 쳐부수기 위해서 필승의 각오로 길을 떠나자. 가자! 가자! 가자!"
윤관은 말 위에 올라탄 채 17만 명의 군사를 앞에 놓고 우렁차고

자신감 있는 목소리로 외쳤다.

"쳐부수자! 여진족을 쳐부수자!"

"와! 와! 와!"

병사들이 일제히 내지르는 함성이 어찌나 큰지 마치 천둥 소리 같았다.

도원수 윤관이 이끄는 대군은 서경을 향해 떠났다. 서경에서 동쪽으로 나가 동계에 이를 참이었다.

군사 뒤에 무기를 실은 우마차가 줄을 이어 따랐다. 또한 군량미를 실은 우마차도 줄을 이었다.

그 행렬이 어찌나 길게 늘어섰는지 꼭 장마 전 개미 떼들이 이사하는 것 같았다.

"폐하, 정벌군의 출정을 전송하려면 서경에 납시는 것이 가장 좋겠습니다."

일관이 점괘를 뽑아 보고 말했다. 일관이란 하늘의 변화로써 나라나 인간의 좋고 나쁨을 점치던 관원을 일컫는다.

예종은 일관의 말대로 서경으로 향했다. 가다가 자비령에 이르러서는 술과 음식을 내어 맘껏 들게 했다.

11월 하순 어느 날, 예종은 서경에 도착하여 출전하는 병사의 진격하는 방향과 행동에 관한 작전 계획을 보고받았다.

예종은 이튿날 위봉루에 행차하였다.

정벌에 나서는 군사들과 윤관, 오연총이 도열해 왕을 맞았다.

"이제 여기서 여러분의 전승을 빌며 헤어져야겠소. 윤 원수는 군사들을 효율적으로 운영, 통솔하여 꼭 승리하고 돌아오시오. 여기 부월을 내리겠으니 이후 도원수로서 훌륭하게 맡은 바 사명을 꼭 완수해 주기 바라오."

예종은 총사령관에게 임금이 내리는 상징적인 도끼를 내렸다.

"폐하! 이 한 목숨 바칠 각오로 꼭 승리하고 돌아오겠습니다."

윤관이 부월을 받아들고 허리 굽혀 맹세하였다.

"폐하 만세!"

"만세! 만세! 만세!"

군사들이 일제히 한 목소리로 함성을 올렸다. 그 함성 소리로 서경 성내가 진동하는 듯했다.

"자, 고려 군사들이여! 우리의 원수 여진족을 물리치러 가자!"

"와! 와와! 와와와……!"

윤관은 일찍이 우리 역사상 볼 수 없었던 대군을 이끌고 서경을 나와 동계를 향했다.

중간에서 대열을 점검한 후 성천이라는 곳에서 쉬었다.

거기서 윤관은 군대를 갈라서 각각 다른 길로 진군할 것을 명령했다. 그게 적의 눈에도 덜 띌 것이며, 대열의 길이가 짧아 통솔하는 데도 쉬울 것 같았다. 또 서로 경쟁심이 생겨 빨리 진군하는 이점도 있을 것 같았다.

"병사들은 들거라. 여기서부터 정벌군을 두 갈래로 나눠 각기 다른 길로 진군할 것이다. 두 군이 만나는 곳은 장곡현에 있는 장춘역으로 한다. 우선 한 군은 내가 직접 인솔한다. 그리고 다른 군은 부원수 오연총이 인솔한다."

윤관과 오연총은 각자 군사들을 이끌고 각기 다른 지방을 거쳐 약속 장소인 장춘역에 이르렀다.

별로 큰 사고 없이 모두 무사히 도착했다.

장춘역은 코 앞에 거친 여진 무리를 둔 동북면 변방의 땅이라 모두가 병사들에게는 낯설었다.

병사들은 적지가 가까워지자 모두 잔뜩 긴장했으나 어느 때보다 사기는 높은 편이었다.

12. 울리는 북소리

정벌군은 여러 날이 걸려 장춘역까지 왔으므로 며칠 동안 경계하며 쉬었다.

북방이라 11월 하순의 날씨는 몹시 추웠다. 본격적인 한겨울 바람은 아니라도 불어닥치는 바람은 매우 매서웠다.

윤관은 자기가 묵는 군막으로 장수들을 불러 모았다.

"싸움에서 첫 싸움은 매우 중요하오. 첫 싸움에서 이기면 군사들의 사기가 드높아 그 다음 싸움은 한결 수월하오. 우리는 무슨 일이 있더라도 첫 싸움에서 이겨야 하오. 그러기 위해서는 계략을 짜야 하오. 우리는 남쪽에서 추운 북쪽의 낯선 지방으로 원정 왔지만 저들은 늘 여기서 사는 사람들이오. 그러니 일 대 일로 그냥 맞붙어서는 우리에게 불리하단 말이오."

윤관이 자기가 데리고 온 여러 부하 장수들을 둘러보며 작은 소리지만 위엄 있게 말했다.

장수들은 입을 꽉 다물고 윤관의 말에 귀를 기울였다.

윤관이 말을 계속 이어갔다.

"우리의 병사들이 17만 명이지만 20만 명이라고 선전을 해야 하오. 그래야 저들이 겁을 먹을 것이오. 알겠소?"

"예."

"그런 후 병마 판관 최홍정과 황군상 장군은 정주와 장주 두 고을에 나가 여진의 추장들을 풀어 준다고 하시오."

"예? 여진 추장들을 풀어 주다니요?"

"고려 조정에서 예전에 잡아 두었던 허정과 나불 등 그들의 추장을 풀어 주려고 하니 모두 와서 명을 받으라고 말이오."

"아! 그 계략이 괜찮네요. 그렇다면 몰려온 그들을 쳐서 없앨 수 있게 우리 군사들을 배치해야지요?"

"그야 물론이지. 우리 병사들 중 일부는 저들이 몰려올 길목 양 옆의 산비탈에 그림자도 안 비치게 모두 잠복해서 때를 기다리는 거요. 그랬다가 기회를 봐서 포위 작전을 펴 한꺼번에 섬멸해야 하오."

"원수님의 작전대로라면 초전 박살은 틀림없겠군요?"

"초전에 적군 몇백 잡았다고 지체해서는 안 되오."

"알겠습니다."

"알았으면 곧 작전 개시에 들어가시오. 최홍정, 황군상 두 장수는 어서 여진 마을로 가 얘기한 대로 폐하시오. 자, 그럼 지금부터 작전 개시!"

장수들은 모두 맡은 지역으로 군사를 재빨리 이동시켜 배치했다.

12. 울리는 북소리

그리고는 숨을 죽인 채 기다렸다.

최홍정과 황군상은 각각 맡은 여진 마을을 향해 몇 명의 부하만을 데리고 떠났다.

드디어 최홍정이 여진 마을에 닿았다.

"일단 서라! 누구냐?"

"나는 고려군에서 온 사자다."

"사자? 웬일로 왔소?"

여진족의 말씨가 부드러워졌다. 그렇게 묻는 사이에 진지에 숨었던 몇 명의 여진족이 창, 칼을 들고 최홍정 주위를 둘러쌌다.

그러고 보니 멀리 숨어서 활 시위를 당긴 채 이쪽을 겨누고 있는 사람도 보였다.

"고려는 원래 당신들과 친하게 지냈소. 그런데 당신들이 가끔 변방을 침공해 시끄럽게 굴지 않았소? 그래서 당신들의 추장인 허정과 나불을 붙잡아 두었던 거요. 하지만 이번에 새 폐하께서 그 두 추장을 보내려고 하시니 내일 우리 성에 와서 데려가시오."

"정말이오?"

"그게 정말이오?"

여진족들은 감격한 표정을 지으면서도 그 말을 못 믿겠다는 듯이 재차 물었다.

"정말이지 않구요. 당신들과 화친하려는 우리의 진심을 보여 주기 위해 두 추장을 풀어 주는 것이오. 내일 일찍 정주성으로 들어가 데려오기 바라오."

"장군, 고맙습니다! 우리의 추장을 풀어 주셔서 대단히 고맙습니다! 내일 저희들이 마중 나가 모셔오겠습니다."

여진인들은 허리를 굽실거리며 좋아했다.

최홍정은 겉으로는 태연한 표정을 지었지만 자기 계략대로 끌려드는 여진인을 보고 속으로 크게 웃었다.

'미련한 것들!'

"그럼 나는 이만 임무를 마치고 돌아가겠소."

"고맙습니다. 안녕히 가십시오."

여진족들은 마을 어귀까지 나와 최홍정 일행을 배웅했다.

황군상이 간 곳에서도 비슷한 일이 벌어졌다.

최홍정과 황군상이 무사히 돌아와 윤관과 오연총에게 결과를 보고했다.

"음, 수고들 했소. 이놈들이 제발로 죽음의 구렁텅이를 향해 걸어온단 말이지."

윤관이 내뱉고는 입술을 굳게 다물었다.

오연총도 얼굴에 보일 듯 말듯 한 웃음기를 보였다.

이튿날이었다.

여진 추장들은 이쪽의 말을 곧이듣고 고라를 비롯한 4백여 명이 허정과 나불을 데리러 왔다.

"어서 오시오. 두 추장을 모시러 여러분들이 오셨고요? 히히히!"

12. 울리는 북소리

고려군중 좀 높은 사람이 여진족들을 맞았다.

그런데 건장하게 생긴 50여 명은 관문까지 따라와서 성문 안으로 들어오려고 하지 않았다.

"아니, 저 분들은 왜 안 들어오고 추운 성 밖에 남아 계시오?"

"저 자들은 한사코 성 안으로 들어오기를 꺼리는 자들이니 그냥 내버려 두십시오."

여진족의 대표가 대답했다.

"그래요? 왜, 우리를 못 믿겠다는 것입니까?"

고려군 대표가 짐짓 못마땅한 표정을 지어 보이며 크게 말했다.

"아아, 아니 그게 아니고……."

"그러면요?"

고려군의 목소리가 더 높아졌다.

"고려군을 못 믿어서가 아니라, 저 자들이 워낙 약은 체하느라고, 헤헤헤……. 그러니 그냥 못 본 척하시고 그냥 들어가십시다."

여진 추장은 고려군 우두머리의 비위를 상할까 봐 안절부절못하였다.

"허허! 정말로 그 사람들은 못 믿겠군 그래. 허험!"

고려군 우두머리는 여진족들이 들으라고 일부러 크게 말하고는 헛기침까지 해 댔다.

성 안에 들어온 여진족들은 자기네 추장인 허정과 나불을 안 보내 줄까 봐 불안한 기색으로 어쩔 줄 모르고 쩔쩔맸다.

윤관

"원수님, 여진족들을 안내하여 왔습니다."

"오시느라고 수고들 하셨소. 날씨가 쌀쌀하니 언 몸도 녹히실 겸 해 약주 대접을 푸짐히 해 드리도록 하게. 먹성도 부실할 테니 음식도 모자람 없이 내드리고 말이야. 내 들어가 허정과 나불, 두 추장을 모시고 나오겠네. 알겠나?"

윤관은 얼굴빛 하나 변하지 않고 연극을 잘 해냈다.

"예예……."

"자, 이쪽 따뜻한 군막으로 드시지요. 여러분들이 오실 줄 알고 미리 잔칫상을 봐 놨으니까요."

"아니! 이렇게 맛난 음식들이?"

여진족들은 상에 가득 차려진 기름진 음식을 보고 감격해 어쩔 줄 몰랐다. 이제껏 보도 듣도 못하던 음식이 많은지라 그럴 수밖에 없었다. 주린 뱃속에 독한 술이 들어가니 곧 취해 버렸다.

"자네도 한 잔 더 들게."

"그려, 우리가 어디서 이런 고급 술과 음식을 먹겠나? 좋은 술과 음식 본 김에 많이 먹어 둠세."

"그려, 그려, 그렇지 않구. 오늘 이곳에 따라오기를 아주 잘했구먼 그래."

"누가 아니래. 밖에 있는 놈들은 약은 체했지만 지금은 추워서 발만 동동 구를걸. 하하하!"

여진족들은 술을 몇 잔씩 들이켜더니 거나하게 취해서 이제는 와

12. 울리는 북소리

전히 경계하는 빛이 풀어졌다.

저희들끼리 술잔을 더 주고받더니 끝내는 몸도 제대로 못 가누는 사람들이 많았다.

'음, 이제 기회가 된 것 같구나. 이놈들 맛 좀 봐라.'

윤관은 오연총에게 눈짓을 했다.

명령을 받은 숨어 있던 고려군은 사방에서 뛰어들어 술취한 여진족들의 목을 단칼에 날려 버렸다.

3백여 명의 적을 섬멸하는 데 십여 분밖에 시간이 안 걸렸다.

성 안에서 내지르는 비명 소리를 듣고 성 밖에 있던 여진족들이 달아나려 했다. 하지만 때는 늦었다.

그럴 줄 알고 뒷문으로 군사를 내보내 병마판관 김부필과 녹사 척준경의 지휘로 통로마다 숨어 있게 했던 것이다.

또한 최홍정에게는 말 탄 병사들을 이끌고 나가 여진족들을 치게 했으니 그들은 제대로 도망가지도 못하고 거의 다 잡혀 죽을 수밖에 없었다.

"만세! 만세! 윤관 장군 만세!"

"만세! 만세! 고려 군 만세!"

초전에 힘들이지 않고 큰 전과를 올린 정벌군의 사기는 하늘을 찌를 듯했다.

"모두들 수고했소. 우리가 초전에 크게 이겼다고 여기서 자만감에 빠져 있으면 안 되오. 저들은 반드시 죽기를 각오해 복수하러

올 것이오. 아마 저희들의 수가 적은 것을 알고 더 먼 곳에 사는 무리들에게까지 응원을 청해 떼로 몰려올 것이오."

윤관의 목소리에 힘이 들어갔다.

군사들은 자신감에 찬 눈망울로 곧 명령이 떨어지기만을 기다리는 눈치였다. 첫 싸움에서의 승리란 이처럼 중요한 것이다.

윤관은 말을 계속 이었다.

"저들이 정신을 차리고 수습에 눈을 돌리기 전에 우리가 몰아쳐야 한다고 생각하오. 우선 우리의 대군을 다섯 갈래로 나눠 여진인들을 추격하겠소. 그러니 지금부터 내 명령을 잘 들으시오."

그 말이 떨어지자 병사들이 입을 더 굳게 다물고 윤관의 말에 귀를 더 한층 기울였다.

"우선 나 자신은 군사 5만 3천 명을 거느리고 정주 대화문으로 향해 나갈 것이오. 그리고 우군 병마사 병부상서 김덕진 장군은 군사 4만 3천 8백 명을 거느리고 선덕진의 안해, 거방 두 초소의 중간 지점으로 나가시오. 다음 중군 병마사 좌복야 김한충 장군은 병사 3만 6천 7백 명을 거느리고 안륙수로 나가고, 좌군 병마사 좌상시 문관 장군은 병사 3만 3천 9백 명을 거느리고 정주 홍화문으로 나가시오. 또한 선병별감 이부원외랑 양유송 장군과 원흥 도부서사 정승용 장군, 진명 도부서 부사 견응도 장군은 수군 2천 6백 명을 인솔하여 도련포로 떠나시오. 그럼, 각자 군사들을 징익해 진고에 충력을 기울이도록. 즉시 작전 개시하기 바라오."

12. 울리는 북소리

윤관의 명령은 떨어졌다.

각 지휘자들은 맡은 부대 앞으로 말을 타고 나가섰다.

"앞으로! 진격 개시!"

윤관의 명령이 떨어졌다.

둥둥둥! 둥둥둥! 둥둥……!

정벌군의 진격을 알리는 북소리가 우렁차게 울렸다.

그 북소리에 힘을 얻어 정벌군은 다섯 갈래로 흩어져 여진족의 뒤를 쫓기 시작했다.

하늘을 찌를 듯이 높이 오른 정벌군의 사기 아래 북방의 추위도, 여진족의 거침도 상대가 될 수 없었다.

바다와 육지, 양면 공격에다가 육전에서만 네 곳으로 공격해 갔으니 그 기세가 얼마나 막강하였나를 짐작할 수 있을 것이다.

13. 9성을 쌓으며

 고려군은 함흥 평야를 네 방면에서 건너 북진하였다. 수군은 해안선을 따라 육군과 합동 작전을 펼쳤다.
 북쪽이라 매우 추웠다. 높은 산봉우리들은 모두 눈을 허옇게 뒤집어쓰고 있었다.
 너른 벌판에 불어닥치는 북서풍은 진격하는 고려 군사들의 약간 비스듬한 뒤쪽에서 불었지만, 살을 에는 듯했다.
 가는 곳마다 달아난 여진족들의 어지러운 말발굽 자국만이 정벌군을 맞았다.
 여진족들이 살던 마을에는 노인과 아이들, 그리고 가축만이 남아 있었다.
 싸움에 나설 만한 사람들은 목숨을 건지기 위해 모두 더 북동쪽으로 달아났다.
 겨울철이라 어디 산이나 들에 숨을 곳도 마땅치 않았기에 그들은 북동쪽으로 도망치는 수밖에 없었다.
 가끔 가다 여진군들이 모여 대항하려 했지만 고려 대군한테는 상대가 되지 않았다.

윤관의 부대는 대내파지촌을 통과하는 데 한나절이 걸렸다.

문내니촌을 향해 진격하니 적들은 보동음성으로 들어가서 농성하였다.

"와! 고려군의 수가 엄청나게 많구나. 언제 저렇게 많은 병사들을 길렀지?"

"전에는 고려군이 형편 없었는데 이번에 온 군대는 아주 용맹스럽구나. 참 알 수 없는 일이네?"

"그것도 그렇지만 예전 싸움에서는 고려의 기병을 보기가 힘들었는데 이번에 보니 그게 아니네. 기병을 어디서 꾸어 왔는가? 웬 기병이 저렇게 많지?"

"글쎄 말이야. 그러니까 우리가 쫓길 수밖에."

여진족들은 막강해진 고려군을 보고 알 수 없다는 듯이 고개를 갸우뚱거렸다.

"고려군의 수가 워낙 많아 우리가 맞붙었다가는 다 죽는다. 그러니 성문을 꼭 닫고 밖으로 나가지 마라. 고려군은 추위에 약하니까 곧 후퇴할 것이다."

여진군들은 보동음성에서 버티기로 하고는 꼼짝하지 않았다.

"이대로 밖에서 저들이 나올 때만 기다릴 수는 없다. 점점 더 추워져 시간을 보내면 보낼수록 우리에게 불리할 뿐이다."

"제가 군사를 이끌고 니기 성벽을 넘어 쳐들어가겠습니다."

"저도 가겠으니 허락해 주십시오."

임언과 최홍정이 용감하게 나섰다.

"좋소! 임 장군과 최 장군은 정예 부대를 인솔해 성 안에 있는 적들을 쳐부수시오."

윤관이 명령하고 믿음직스러운 표정을 지어 보였다.

"여진 놈들아, 나와서 정정당당히 겨뤄 보자!"

"너희들이 안 나오면 우리들이 쳐들어간다!"

고려군은 용감하게 달려나가 성벽에 사닥다리를 놓고 타넘기 시작했다. 처음 몇 사람은 희생당했으나 물러설 고려군이 아니었다.

"고려군이 성벽을 넘어왔다! 모두 후퇴하라!"

당황한 여진족이 소리쳤다. 하지만 때는 이미 늦었다. 그들은 용감 무쌍하게 휘두르는 고려군의 창, 칼 아래 쓰러지고 말았다.

어쩌다 달아나던 자들도 고려군이 쏜 화살에 맞아 그 자리에 쓰러지고 말았다. 한편, 문관이 거느린 좌군도 진격에 진격을 거듭하여 석성 아래 이르렀다.

성 아래 여진군이 모여 있는 게 보였다. 병사들은 곧 그들을 향해 싸우려고 들었다.

"모두들 서두르지 마라. 희생을 줄이기 위해 항복시켜 보자."

문관 장군의 의견에 따라 여진족 말을 할 줄 아는 통역관을 데려왔다.

"저들을 잘 설득해 항복시켜라."

통역관은 여진 무리한테로 갔다. 그리고는 부드러운 목소리로 설득하기 시작했다.

"나는 어려서부터 당신네 이웃에 살던 대언이라는 사람이오."

"그런데 왜 왔소?"

"고려군은 일찍이 볼 수 없던 강군에다 그 수효가 당신네와는 비교가 안 될 만큼 많소. 20만 대군이오. 그러니 항복해서 목숨을 건지는 게 싸우다 목숨을 잃는 것보다 나은 일 아니오? 그래서 왔소."

"우리는 한번싸워서 승부를 결정하려고 하는데 어째서 항복하라는 거요? 물러 가시오."

여진군은 거친 말씨로 대답했다.

대언은 돌아와 들은 대로 보고했다.

"그래! 적군이지만 그 기개가 쓸 만한 놈들이군. 죽이기는 아까운 걸. 하지만 전쟁터에서 정 같은 것은 참으로 위험한 일이지. 모두 전투 개시!"

문관의 명령에 치열한 전투가 벌어졌다.

달아나던 여진족이 최후 발악으로 모여 대항하는 것이라 그 세력이 대단했다. 수효도 많았고 창, 칼 쓰는 솜씨도 만만치 않았다.

여진군들은 자기네가 좀 밀리는 듯하자 석성 안으로 들어가 항폐하였다.

"이거 큰일났군. 돌멩이와 화살이 비 오듯 날아드니 진격을 할 수가 없군."

문관의 군사들은 쉽게 석성을 점령하지 못하고 주춤했다.

그 때 윤관의 부대가 도착했다.

"와! 응원군이 왔다!"

문관의 군사들은 크게 소리치며 반가워했다.

석성 위에서는 돌멩이와 화살이 여전히 빗발같이 쏟아져 내렸다.

이 때 윤관이 척준경에게 명령했다.

"날이 저물면 사태가 위급하게 될 테니 그대는 이관진 장군과 힘을 합쳐 공격하라."

"예, 명령대로 거행하겠습니다."

척준경이 허리를 굽히고 시원스럽게 대답한 뒤 덧붙였다.

"제가 일찍이 장주에서 근무할 때 과오로 죄를 범한 바 있습니다. 그 때 윤 원수께서 저를 불러 장사라고 하며 조정에 특별히 청하여 용서받게 해 주셨습니다. 그러니 오늘이야말로 바로 저의 한 몸을 바쳐 국가에 보답할 날인가 합니다."

척준경은 말을 끝내자마자 갑옷을 입고 방패를 들더니 적진으로 뛰어들었다. 그는 칼로 여진 추장 몇 명을 쓰러뜨렸다.

"와! 척 장군이 적장의 목을 베었다."

고려군의 사기는 말할 수 없이 올라갔다.

그 틈에 윤관의 대군과 좌군이 합세하여 죽음을 무릅쓰고 성을 타고 넘어 들어갔다.

13. 9성을 쌓으며

"에잇! 원한의 칼을 받아라."

"으윽!"

"한 놈도 남기지 말고 모조리 쳐부수어라!"

석성 안팎은 아수라장이었다. 그러나 여진군은 고려군의 기세를 이겨 내지 못하고 뒷문으로 빠져 달아나기 시작했다.

"한 놈도 도망치지 못하게 퇴로를 차단하라."

"이놈들이 어디를 도망가려고 그래."

"에잇! 내 칼을 받아라!"

"아악!"

도망가던 여진군들이 픽픽 쓰러졌다. 살아서 성을 빠져 나간 여진군은 얼마 되지 않았다.

석성 전투에서 죽은 여진군의 수는 엄청났다. 창과 칼, 화살에 죽은 자도 많았지만 스스로 성벽 위에서 떨어져 죽은 사람도 많았다.

윤관은 척준경의 용맹성을 높이 칭찬하고 상으로 비단 서른 필을 주었다.

"병사의 도리를 다하고자 했을 뿐인데 이처럼 과분한 상을 내려 주시니 몸둘 바를 모르겠나이다."

척준경이 겸손하게 말했다.

"그대의 용맹성에 놀랐소. 만약 그대가 없었다면 아까 석성 진입은 오늘 중으로는 어려웠을 거요. 그대가 병사로서 용감하게 나섰기에 고려군의 사기가 올라가 성을 함락시킨 거요."

윤관은 척준경이 몹시 믿음직스럽고 대견했다.

후퇴하던 여진군은 모두 이위동이라는 곳에 모여 다시 항전할 태세를 갖췄다.

"최홍정, 김부필, 이준양 장군은 병사들을 이끌고 이위동을 점령하라."

윤관이 다시 세 장수에게 병사를 내주며 명령을 내렸다.

그러나 세 장수는 여진 추장 감내로의 계략에 빠져 처음에는 실패했다. 하지만 2차 공격에는 치밀한 작전을 세워 그대로 한 결과 크게 이겼다.

"우리가 이겼다! 만세! 만세!"

"우리는 여진족을 쳐부수었다."

고려군은 흥분하여 펄쩍펄쩍 뛰며 아이들처럼 좋아했다.

세 장수는 전과를 보고하기 위해 윤관 앞에 섰다.

"승리한 것을 보고드립니다. 적군 천 2백여 명의 목을 베었습니다. 살아 도망친 자들은 얼마되지 않습니다."

"그래? 그렇게나 많은 적을 무찔렀소? 수고 많았소. 역시 용맹스런 고려 병사로군 그래. 허허허!"

윤관은 매우 흡족해하였다.

이와 같이 윤관이 총지휘하는 병사들은 큰 적을 거침없이 물리치고 당당한 기세로 밀어붙였다.

그 결과 김한충이 지휘하는 중군은 고사한촌 등 35개 마을을 격

파하고 3백 80여 명의 적을 죽이고 2백 30여 명을 포로로 잡았다.

그리고 김덕진이 지휘하는 우군은 광탄 등 32개 마을을 격파하고 적 2백 90여 명의 목을 베었으며 3백여 명을 포로로 붙잡았다.

또 문관이 지휘하는 좌군은 마을 31촌을 빼앗고 9백 50여 명을 죽였다.

또한 윤관이 직접 지휘하는 부대는 대내파지촌을 비롯하여 37개 마을을 빼앗고 2천 1백 20여 명을 죽였으며, 5백명을 포로로 붙잡았다.

윤관은 유영약을 개경으로 보내 승전 보고를 했다.

보고를 받은 예종은 무척 기뻐하며 좋은 소식을 전한 유영약에게 7품의 벼슬을 내렸다.

그런 뒤, 심후와 한교여를 전선으로 보내서 윤관, 오연총 두 원수와 장수들에게 격려하는 조서를 내리고 각각 등급을 매겨 상품을 내렸다.

윤관과 그의 병사들은 임금이 보낸 격려의 글과 상을 받고는 더욱 사기가 올랐다.

"여러 장수들은 잘 들으시오. 오늘 우리는 임금님으로부터 분에 넘치는 상을 받았소. 이제 여러분은 각자 맡은 방향으로 가서 우리가 점령한 땅의 국경선을 모두가 알 수 있게 명확히 구별하여 정해 놓고 돌아오시오."

"예, 분부대로 곧 다녀오겠습니다."

각 장수들은 사방으로 흩어져 여진족이 물러간 땅을 살펴보고 돌아왔다.

참으로 넓은 땅이 우리의 영토가 된 것이다.

"우리가 이제 넓은 땅에서 여진족을 물리쳤으니 곳곳에 성을 쌓아야겠소. 이 곳은 산천이 매우 아름답고 땅이 기름져 사람이 살기 좋은 곳이니 남쪽의 백성을 옮겨 살게 해야겠소. 되찾은 고구려의 옛땅을 다시 오랑캐에게 빼앗기지 않으려면 중요한 곳마다 성을 쌓아 요새로도 쓰고 백성을 다스리는 관아로도 써야 될 것이오. 내 계획을 임금님께 말씀드려 허락을 받으려 하오."

윤관의 말에 대부분이 찬성했지만 반대하는 장수들도 있었다.

중서사 박경인 같은 이는 전쟁 초기에 말에서 떨어져 부상하여 정주성에서 치료하고 있었다. 그는 반대하는 글을 조정에 보냈다.

여진에게서 빼앗은 땅에 성을 쌓는 일은 위험한 일입니다. 당장은 여진이 물러나 성을 쌓는 일이 수월하겠으나 오히려 앞으로 지키기가 어려울 것입니다. 우리 군사가 크게 이겼으면 그것으로 족하지 성을 쌓는 일은 옳지 않다고 봅니다.

이 문제는 조정에서도 찬성과 반대쪽으로 엇갈려 시끄러웠다.

여러 대신들이 반대했다. 대부분의 대신들은 박경인의 글과 같은 이유로 반대하였지만 속으로는 윤관의 공을 시기하는 마음에서 반대하는 사람들도 있었다.

조정은 결론을 못 내고 연일 시끄러웠다. 하지만 예종은 윤관의 의견이 옳다며 성 쌓는 것을 허락하였다.

국왕의 승인을 받은 윤관은 일관 최자호를 여러 곳에 보내어 지관(풍수지리설에 따라 집터를 가리는 사람)에게 성터를 보게 하였다. 그리고는 우선 여섯 개의 성을 쌓기로 결심했다.

윤관은 여러 장군을 모았다. 그런 후 성 쌓을 것을 명령했다.

"여러 장군들이 용감하게 싸운 덕에 우리의 원수 여진족을 내몰고 넓은 영토를 확보했소. 이 영토를 오래 보존하기 위해 곳곳에 성 쌓기를 상감께 말씀드려 허락을 받았소. 그러니 여러 장군들은 각 곳에 성을 쌓아 요새로 활용할 뿐만 아니라 남쪽의 우리 백성들이 옮겨 살도록 밑바탕을 다지도록 하시오."

"예, 분부대로 거행하겠습니다."

이렇게 해서 함경도 지방을 중심으로 여러 곳에 쌓은 성은 함주(지금의 함흥), 영주(북청 근처), 웅주(길주 근처), 복주(단천), 길주(경성), 공험진(소하강 강변)이다.

영주성 안에는 나라의 융성과 번영을 빌기 위해 절을 둘이나 지었다. 그런 후 남쪽에서 백성들을 각 성마다 옮겨 살게 하였다.

다음 해인 1108년(예종 3년)이었다.

생활 근거지를 빼앗긴 여진족들은 필사적으로 항거하였다. 그들은 나머지 병력을 모아 맹공격을 하여 오는 등 목숨을 걸고 싸움을 걸어왔다.

어느 날이었다.

윤관은 오연총과 정예 군사 8천여 명을 이끌고 가한촌이라는 곳에 당도하였다.

"우리의 철천지 원수, 고려의 군사들이다. 한 놈도 남김없이 모조리 무찔러라!"

"와와! 복수의 칼을 받아라!"

양쪽 숲 속에 숨어 있던 수많은 여진 병사들이 화살을 날리고, 창과 칼을 휘두르며 쏟아져 나왔다.

윤관의 부대는 전혀 예상치 않고 무방비 상태로 길게 늘어서 지나다가 졸지에 당하고 말았다. 그 전투에서 거의 다 죽고 겨우 10여 명만이 적에게 포위된 채 윤관을 호위하였다.

원수인 윤관은 겹겹이 포위되었고, 부원수인 오연총은 화살에 맞아 형세가 아주 위급한 상황이었다.

"아니! 저놈들이 우리 윤 원수와 오 부원수를……."

멀리서 뒤따라오던 척준경이 그 사실을 알고 군사 10여 명을 이끌고 적군 속으로 뛰어들려고 하였다.

"형님! 적진이 워낙 견고하여 좀처럼 돌파하기 어려울 것 같은데 공연히 죽음을 재촉하지 마십시오. 그게 도데체 무슨 이익이 되겠습니까?"

척준경의 동생 척준신이 불쑥 형의 앞을 막아서며 다급한 목소리로 말렸다.

"너는 집에 돌아가서 늙으신 아버님을 봉양해라! 나는 한 몸을 국가에 바쳤으니 이대로 보고만 있을 수는 없다."

척준경은 동생에게 말하고는 비호같이 말을 달려 적진으로 돌진하면서 십여 명의 목을 날렸다.

"장군! 우리가 갑니다. 용기를 가지십시오."

바로 그 때, 숲 속에서 최홍정과 이관진이 군대를 인솔하고 나와 합세했다.

"아니! 다 죽었는 줄 알았더니 웬 적병이냐? 더 이상 안 되겠다, 도망치자."

여진족은 겁에 질려 포위했던 것을 풀고 도망치기 시작했다.

"저놈들을 쫓아가 쳐부숴라!"

고려군이 여진족을 뒤쫓아가 36여 명을 죽였다.

그러고 나니 이미 해가 저물고 있었다. 윤관 일행은 영주성으로 되돌아갔다.

성에 닿아서 안심하게 되니 긴장이 풀렸다. 윤관은 죽음 문턱에 다다랐던 생각을 하니 소름이 끼쳤다.

"그대는 참으로 용맹하도다. 이제부터는 임금님을 위해 죽을 힘을 다해 싸우게. 이제 내 자네를 자식같이 여길 것이니, 자네도 나를 아비같이 여겨 주게!"

윤관이 척준경의 손을 꼭 잡고 말했다. 잡은 손등에 뜨거운 눈물

이 뚝뚝 떨어졌다.

"장군! 부하된 도리를 다했을 뿐인데 이렇게 생각해 주시니 몸둘 바를 모르겠습니다."

척준경도 뜨거운 눈물을 흘리며 두 손을 꼭 잡았다.

잡은 손 사이에는 뜨거운 정이 서로 오가고 있었다.

척준경의 무공은 널리 알려졌으며 그는 합문지후라는 벼슬 자리에 올랐다. 그 싸움이 있은 직후, 적의 추장 가로환 등 4백여 명이 고려군에게 항복하였다.

윤관은 항복한 여진족들을 잘 대우해 주었다.

그러자 수많은 여진족들이 좌군 앞에 나와 항복하였는데 그 수가 천 4백 60여 명에 이르렀다.

윤관은 각 성에 지시해 항복한 여진족들을 잘 대우하게 했다.

14. 9성의 완성

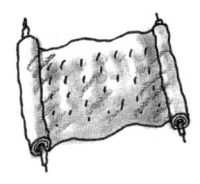

얼마 동안 잠잠하던 여진족은 그 습성을 버리지 못했다. 여기저기 달아났던 여진족이 하나 둘 모여들더니 2만 명이 넘는 무리가 되었다.

그들은 여럿이라 힘이 생겼다. 또 모두 고려군에게 살던 집과 땅을 뺏긴 자들이라 복수심에 불타고 있어 모두 무기를 손에 들고 걷거나, 혹은 말을 타고 영주성으로 몰려왔다.

"고려놈들아! 나와서 한판 싸우자!"

"우리가 살던 집과 땅을 내놓아라!"

"너희 칼에 죽어간 우리 가족을 살려 내라!"

여진족들이 외치는 소리는 영주성을 시끌시끌하게 만들었다. 그러는 그들의 눈에는 살기가 서려 있었다.

'저런 짐승만도 못한 놈들이 또 몰려와 싸움을 거는군.'

윤관은 어금니를 꾹 물며 임언을 불러서 의논했다.

"생각 같아서는 저놈들을 당장 쫓아나가 쳐부수고 싶지만 저들의 숫자가 많으니 우리의 적은 군사로는 대적할 길이 없지 않은가?

윤관

그러니, 저들이 성 안으로 쳐들어오게 하려면 방어만 하는 것이 상책 아닌가 하는데 그대 의견은 어떤가?"

윤관의 말에 임언이 얼른 답변을 못 하고 우물쭈물하고 서 있기만 했다.

그 때 척준경이 옆에서 끼여들었다.

"말씀드리기 외람되나 그 말씀은 옳지 않습니다. 만일 우리가 나가 싸우지 않고 그냥 있다가는 저들의 숫자는 점점 늘어나고 우리의 양식은 점점 떨어질 것입니다. 그럴 때 다른 성에서 양식 원조가 오지 못하면 어쩌겠습니까? 굶어 죽는 수밖에 별도리가 없습니다. 지난날 우리가 승리한 예를 장군들께서는 보지 않으셨습니까? 오늘도 제가 결사대를 이끌고 나가 싸울 테니 여러분은 성 위에서 구경이나 하고 계십시오."

척준경은 아주 자신 있는 목소리로 비장하게 말했다.

윤관과 임언은 그렇게 말하는 척준경이 더없이 믿음직스러웠다. 그런 장수가 자기 부하라는 게 무엇보다 자랑스러웠다.

"내 그대의 용맹과 실력을 믿네. 그러니 결사대를 끌고 나가 물리쳐 주기 바라네."

윤관이 척준경의 등을 두드리며 출전을 허락했다.

"병사들은 듣거라! 여진 무리들이 저렇게 갈가마귀 떼처럼 몰려와 싸움을 청하는데도 성 안에서만 있다는 것은 곧 패전을 의미하는 것이다. 저자들의 숫자는 자꾸 늘어나 사기가 올라가고 우리는 양식이 떨어져 사기가 땅에 떨어질 것이다. 그러니 죽기를 각오하고 물리쳐야 한다. 자! 용기 있는 자는 나를 따르라. 우리의 원수 여진족을 물리치러 가자. 가자!"
"야! 여진족을 물리치자!"
척준경의 말끝에 함성이 오르며 많은 결사대가 뒤를 따랐다.
"이 원수 놈들아, 덤벼라!"
"우리의 칼을 받아라!"
"에잇!"
"으악!"
용맹스런 척준경은 앞서 나가며 칼을 휘둘렀다. 다른 신하들도 죽음을 두려워하지 않고 싸웠다.
그 결과 적군은 척준경의 군대에 의해 여기저기에서 쓰러지기 시작했다. 그러자 여진족은 또다시 도망갔다.
"이제 여진족은 다 도망쳤다. 모두 용감한 고려군, 그대들의 공이다. 이제 성 안으로 들어가자."
"와! 척 장군 만세! 만세!"
둥둥둥! 둥둥.
삘릴리, 닐닐리리, 삘릴릴리, 닐닐리리.
군사들은 북을 울리고 피리를 불며 개선하였다.
그런 척준경 일행을 성 안의 백성과 군사들이 나와 열렬히 환영하였다. 윤관과 임언 등도 성루에서 내려와 척준경의 손을 잡고 치하하였다.

"그대의 용맹성에 또 한 번 감탄했네. 참으로 수고했네. 자네로 인해 우리 군사들의 사기는 많이 올라갔을 것이네."

"군사된 도리를 다했을 뿐인데 이처럼 분에 넘치는 칭찬을 해 주시니 몸둘 바를 모르겠습니다."

두 사람은 손을 잡고 서로 절하듯이 예를 갖추며 주고받았다.

며칠 뒤, 윤관과 오연총은 대도독부가 있는 성으로 각 성을 지키는 여러 장수들을 소집하였다.

공험성의 왕자지는 부대를 인솔하고 도독부로 오다가 사현이라는 여진족 추장의 군대를 만났다.

그래서 싸움이 벌어졌는데 왕자지는 싸움에 패해 자기가 타고 있던 말까지 빼앗기고 간신히 도망쳐 왔다.

그 때 척준경이 또 나섰다. 그는 힘센 군사들을 이끌고 나가 싸워 적을 이겼다. 이 싸움에서 척준경은 적에게 빼앗겼던 왕자지의 말까지 찾아왔다.

그러고 얼마 있다가 여진족 수만 명이 웅주성을 포위하고 싸움을 걸었다.

"적이 많다고 해서 우리가 이 안에만 있으면 패하고 말 것이다. 그러니 모두 나가 죽기를 각오로 싸우자."

최홍정이 병사들 앞에 나서 외쳤다.

"장군의 말씀이 옳소. 우리 모두 죽을 것을 각오하고 싸움시다."

병사들도 최홍정과 같은 생각을 했다.

"일제히 4대문을 열고 적을 향해 진격하라!"

"와와! 여진놈들아, 덤벼라!"

고려군은 한순간에 4대문을 열고 뛰쳐나갔다. 그리고는 죽을 힘을 다해 힘껏 싸우니 적이 놀라서 도망쳤다.

고려군의 전과로는 적 80여 명을 죽였거나 붙잡았고, 전쟁에 쓰이는 수레 50여 대, 중차 2백 대, 말 40필을 빼앗았다.

그리고 무기들은 헤아릴 수 없을 만큼 비축하게 되었다.

그 때 척준경도 그 성 안에 있었다.

그 고을 수령이 척준경에게 말했다.

"저들이 지금은 물러나지만 밤이면 또 몰려와 성을 에워싸고 싸움을 걸 겁니다. 오랫동안 성을 지키느라고 군량은 다 소비되고 원조는 오지 않아 걱정입니다. 만일 척 장군께서 밖으로 나가서 군사들을 모아 가지고 돌아와 응원하지 않으면 성 안의 군사들은 모두 굶어죽을 것입니다."

척준경은 아무 말도 하지 않고 듣고만 있었다. 그는 깊은 생각에 잠겼다.

"사정이 딱하군요. 내 정주에 다녀오리다."

"예? 장군께서 어떻게? 저렇게 여진족들이 지키고 있는데요?"

수령은 도저히 믿어지지가 않아 의아한 눈빛으로 척준경을 쳐다보며 물었다.

"……."

척준경은 대답 대신 빙긋 웃기만 했다.

저녁이 되었다.

척준경은 한 병사를 불러 옷을 벗게 했다. 그는 병사의 옷으로 갈아입고 튼튼한 밧줄을 성벽 가까이 있는 소나무 밑동에 맸다.

"아니, 어쩌시려고요?"

"내가 병사로 변장하여 이 밧줄을 타고 성을 넘어 정주에 가 군사들을 데려오겠소."

"예! 이 밤중에 어떻게……."

"걱정 말고 경비나 잘 서게 하시오."

척준경은 밧줄을 타고 성벽을 넘어 정주로 갔다.

정주에 도착한 그는 구원군을 이끌고 웅주성으로 달려가 여진군의 뒤통수를 치는 작전을 펼쳤다.

성 안의 고려군만 경계하며 맘 놓고 있던 여진군은 느닷없는 공격에 당황하여 갈팡질팡했다. 그럴 때 성 안에 있던 고려 군사들이 나와 협공 작전을 펴니 여진군은 크게 무너졌다.

고려군은 척준경의 용감한 행동으로 인해 대승을 거두었다. 싸움이 끝나자 성 안 사람들은 척준경의 용기에 크게 감동하였다.

윤관은 이미 쌓은 여섯 개의 성을 더욱 튼튼히 하는 한편, 공험령에 비를 세워 국경으로 정하였다.

그런 후 윤관의 아들 윤언순을 왕에게 보내 다음과 같은 글을 올

리게 했다.

폐하, 성스러운 덕이 천지와 같이 장하시어 정의의 군대가 이미 오랑캐를 쳐부수고 병사들이 기쁨에 젖어 있습니다. 생각하건대 동여진은 산속에 잠복하여 그 종족들을 번식시켜 왔습니다. 그들은 조상 대대로 오랜 기간에 걸쳐 우리 조상의 혜택을 받아 왔습니다. 그러나 승냥이 같은 탐욕으로 점차 반대하는 마음을 품고 우리 나라 국경 밖에서 자주 으르렁거리고 있습니다. 그러면서 관문 요새들을 침범하고 우리의 군사와 백성들을 노략질하고 있었습니다. 우리 조정이 관대하게 대하니 그 나쁜 버릇을 고치지 못하고 우리를 가리켜 하잘것없다고 떠벌렸습니다. 그러면서 감히 우리 나라를 침범할 야심을 품고는 우리가 방어할 수 없으리라고 장담하곤 하였습니다. 선왕이신 숙종께서 분노하시어 놈들을 정벌하려 하셨고, 폐하께서도 그 뜻을 이어 거사하려 하셨으나 무력 행사는 위험한 일이라 하시어 처음에는 꺼리시었습니다. 그리고 여러 사람의 의견을 참작하시느라고 이 계획이 마침내 잘 진전되지 않았습니다. 그러나 승부를 결정하는 것은 적의 정세를 잘 분석하는 데 있고 임기응변을 하는 데는 당시 사태를 잘 포착하는 것이 중요합니다. 시기가 변함에 따라 폐하께서는 총명하시어 사리에 밝고 환하게 내다보셔 우선 군대를 휴식시키면서 다시 진격할 시기를 관망하셨습니다. 그러면서 계속하여 적

192

윤관

군의 실력 정도를 주의 깊게 살피시다가 기필코 생포할 수 있음을 간파하시자 곧 대군을 동원하여 대토벌을 단행할 것을 분부하셨습니다. 그래 저는 군사권과 부월을 받게 되었습니다. 진군의 북을 울리며 행진하니 사기는 하늘을 찌를 듯했고 위세는 적을 압도했습니다. 적들은 마치 큰 강물이 골짜기로 쏟아지는데 한 줌의 모래가 그것을 막지 못하는 것과 같았고, 봉우리에서 굴러떨어지는 바위에 속 빈 달걀이 깨지는 것과 같이 격파되었습니다. 포로로 붙잡은 적병이 5천 명 이상이요, 죽은 자가 5천 명에 가까웠으며, 적들이 버린 물자는 부락마다 가득하였고, 도망치는 적들이 길을 메웠습니다. 적의 땅도 원래 산천이 험준하고 성들도 높고 견고했으며, 논밭과 들이 기름져 농사에 적당한 곳입니다. 예로부터 사람들이 이 땅을 얻고자 하면서도 얻지 못하고 있던 것을 이제 하늘이 우리에게 주어 차지하게 되었으니 위로는 선조들의 영혼에 감사를 드릴 만한 경사요, 아래로는 우리나라의 여러 해 쌓인 치욕을 씻어 버린 대승리였습니다. 어리석고 둔한 저의 능력으로써야 어찌 이 거대하고 위대한 공훈을 이룩하였겠습니까? 실로 폐하께서 거룩하신 전략으로써 천 리 밖의 작전을 보는 듯이 지도한 결과로 얻은 것입니다. 만약 그렇지 않으면 그 누가 그렇게 하였겠습니까? 그러므로 이 사적을 역사에 기록하여 영원히 후세에 빛내도록 분부하시기 바랍니다.

예종은 윤관의 글을 받고 몹시 기분이 좋았다. 그래서 내시 위위주부 강영준을 보내어 윤관 등에게 술과 양을 내렸다. 또 군사들에게는 은으로 만든 물건을 상으로 내렸다.

윤관은 임언을 시켜 이번의 역사적인 사실을 영주 관청 벽에 글로써 기록하게 하였다.

윤관은 임금에게 포로 3백 46명과 말 96필, 그리고 소 3백여 마리를 바쳤다.

그리고 의주, 통태진, 평융진 등에 성을 쌓았다. 그래서 먼저 쌓은 6성과 합쳐 아홉 성이 되었다.

그 뒤 예종은 윤관에게 아주 높은 관직을 주었으며, 오연총에게도 높은 벼슬을 주었다.

그리고 한교여를 웅주까지 보내어 왕의 명령을 널리 알리는 문서인 조서와 교지, 자색 수놓은 안장과 말 두 필을 내렸다.

윤관과 오연총은 예종이 내린 말을 타고 개경으로 개선했다.

그들이 개선할 때는 왕명에 따라 의장병이 도열했다. 의장 행렬을 했고, 군악을 연주하였다.

윤관과 오연총은 영녕전에 참배하고 부월을 반납하였다.

예종은 문덕전에서 두 사람을 만났다.

"폐하, 성은에 힘 입어 오랑캐를 무찌르고 돌아왔습니다."

"폐하, 하늘과 같은 은혜 덕분에 임무를 마치고 무사히 돌아왔습니다."

윤관과 오연총이 큰절을 올리며 보고를 했다.
"오! 그대들이 임무를 마치고 무사히 돌아와 고맙고 반갑소. 참으로 장하오. 이제 나뿐만 아니라 온 백성이 두 다리를 뻗고 자게 됐군 그래. 오, 참으로 장하오!"
예종은 자리에서 벌떡 일어나 두 사람을 일으키고는 손을 덥석 잡으며 반갑고 기쁨에 찬 목소리로 말했다.
"그래 국경 지방은 지금 어떻소? 여진 놈들이 다시 쳐들어올 기미는 보이지 않소? 우리 군사들의 사기는 어떻소?"
예종은 국경 지대의 이모저모를 차근차근 물었다.
임금과 두 장군의 이야기는 날이 저물어서야 끝날 정도였다.

15. 돌려 준 9성

　윤관이 중심이 되어 쌓은 아홉 성에 대해서 이름과 규모는 전해 오나 성의 위치는 정확하게 알 수 없다.
　윤관과 오연총이 개경으로 돌아온 뒤 자기네가 살던 터전을 잃은 여진족은 자주 공격해 왔다.
　여진족은 다시 몰려와 웅주성을 포위하고 반격 태세로 나왔다.
　"폐하, 웅주성이 위태롭답니다. 여진족이 또 몰려와 넘보고 있답니다."
　"그래! 이런 나쁜 놈들 같으니라구. 오연총은 즉시 웅주에 나가 적을 쳐부수기 바라오."
　예종이 오연총에게 출정을 명령했다.
　오연총은 구원군을 이끌고 나가 웅주성을 포위하고 뒤쪽에서 경계심을 풀고 있던 여진족을 쳤다. 그 결과 크게 이겼다.
　오연총이 싸움에 이긴 다음 웅주성에 들어가니 성 안의 군사들은 한 달 간이나 싸우느라고 모두 지쳐 있었다.
　참으로 위급할 때 구원군이 구해 준 것이다.

예종은 곧 이어 윤관을 보내어 여진족을 토벌하게 하였다.

여진군은 몇 차례 공격해 왔으나 윤관이 독려하는 군사들을 당하지 못하고 물러갔다.

예종은 윤관의 무공을 기리기 위해 '영평현개국백'이라는 작위를 내리고 식읍 2천 5백 호에 식실봉 3백 호를 하사했다.

당시 고려에서는 특별한 공이 있는 사람에게는 공작, 백작 같은 ○○백에 봉해 주었다. 영평현이란 파평(지금의 파주)의 다른 이름이다. '식읍'이란 귀족 같은 특별한 사람에게 일정한 지역 사람들에게서 세금을 걷을 수 있는 통치권을 떼 주는 것을 말한다.

윤관은 왕족 다음으로 최고의 대우를 받게 된 것이다.

다음 해인 예종 4년(1109년)에 여진이 또 길주를 포위하고 수개월에 걸쳐 공격하여 왔다.

오연총이 그들을 맞아 열심히 싸웠으나 적의 완강한 저항을 받아 공험진에서 참패하였다.

예종은 다시 윤관을 출전시켰다. 여진족을 상대로 네 번째 정벌에 나선 셈이었다.

예종은 측근을 금교역까지 보내어 전송하게 하였다.

윤관은 정주에 내려와 오연총에게 보고를 받은 뒤, 군사들을 다시 편성하며 사기를 높였다.

"자, 이제 모두 싸우러 나가자. 우리의 임무는 여진족을 물리치는 것이다. 그러니 적이 앞에 나타나는 대로 쳐서 없애라."

윤관은 군사들에게 명령을 한 뒤 말 위에 늠름한 모습으로 앉아 지휘하며 앞으로 나갔다.

길주로 가던 중간에 나복기촌에 도착해 쉬고 있을 때였다.

그 때 함주사록 유원서가 사람을 시켜 급한 보고문을 전했다.

"여진의 추장, 요불, 사현 등이 성문을 두드리며 말하기를 '우리들이 어제 아지고촌에 가니, 태사(요나라가 여진족 대표에게 준 직함) 우야소가 화친을 청하려고 우리들을 사자로 보내면서 고려 병마사에게 이 뜻을 폐하라고 하였다. 그러나 교전 중이므로 관문 안에 들어갈 수 없으니 바라건대 우리가 있는 곳까지 사람을 보내 태사가 말한 바를 자세하게 전달받기를 바란다.'고 하였습니다. 어떻게 하면 좋을까요?"

"음, 그래? 하도 음흉한 놈들이라 속셈을 잘 알아봐야지."

윤관은 혼자말처럼 중얼거린 다음 성으로 돌아왔다.

이튿날 병마기사 이관중을 적진으로 파견하여 여진 추장 오사에게 통고하였다.

"강화를 하는 일은 병마사인 내가 혼자 결정하지 못하는 것이니 너희들이 대표자를 우리 폐하께 직접 보내서 아뢰어 보아라."

이 말에 여진 추장은 매우 기뻐하며 즉시 요불, 사현 등이 다시 함주로 와서 말했다.

"우리는 귀하의 나라인 고려 조정에 가서 교섭하기를 원합니다. 그러나 현재는 싸우는 때라 위험하여 갈 수 없으니 고려의 관리를 인질로 교환하여 주십시오."

"그도 그렇겠지. 그렇다면 좋다. 우리는 공옥, 이관중, 이현 등을 인질로 보내겠다."

윤관은 여진 추장의 말대로 세 사람에게 인질로 적진에 들어갈 것을 명령하였다. 고려 인질이 들어가자 드디어 요불 등이 개경으로 와 화친의 뜻을 전했다.

예종은 직접 여진의 사신을 만나 보았다.

"그대들이 예까지 온 까닭은 무엇이오?"

"폐하, 삼가 문안 인사드리옵니다. 저희들이 강화를 맺고자 찾아 온 것은 이런 이유에서입니다."

"어서 지체하지 말고 얘기해 보시오."

"옛날, 우리 태사 영가가 '우리 조상은 고려 출신이니 대대로 고려에 순종하는 것이 마땅하다.'고 하였습니다. 또한 현재의 태사 우야소도 고려를 부모의 나라로 생각하고 있습니다. 그런데 숙종 9년(1104년)에 궁한촌 사람들이 태사의 말을 듣지 않아 태사 우야소가 군사를 이끌고 와 이를 징벌하였습니다. 그러자, 고려는 여진이 고려를 침범한 것이라고 하여 우리 여진을 벌하였다가 다시 수호를 허락해 주셨습니다. 우리는 이 수호를 믿고 조공을 계속 바쳤던 것입니다. 그런데 뜻밖에도 고려군이 대군으로 쳐들어와 우리 동족들을 살해하고 아홉 성을 설치하였습니다. 그러므로, 그 곳에 살던 우리 동족은 돌아갈 곳이 없게 되었습니다. 그래서 우야소는 저희들을 고려 조정에 보내어 아홉 성을 되돌려 달라고 청하게 되었습니다. 만약에 아홉 성 쌓은 지역을 저희들에게 되돌려 주시면 저희들은 하늘에 고하여 맹세하고 자손 대대로 정성껏 조공할 것입니다. 그리고 기왓장 하나라도 감히 고려 땅에는 던지지 않을 것입니다."

여진족 사자는 될 수 있는 한 공손한 태도를 보이며 간절한 목소리로 말했다.

"음, 그대들은 화해하는 척하면서 변방의 여러 곳을 자주 침범하지 않았소? 그러니 어찌 믿겠소?"

예종이 사신을 내려다보며 슬쩍 떠보았다.

"간혹 어쩌다가 못된 자들이 태사의 말을 듣지 않고 개인이나 작은 무리를 지어 그런 것 같사옵니다. 앞으로는 절대 그런 일이 없게 하겠사오니 화친을 맺어 주시고 고려에서 쌓은 아홉 성을 되돌려 주시면 고맙겠습니다."

"음, 좀 생각해 보고 얘기하리다."

예종은 여진 사자들을 기다리게 한 뒤 음식을 푸짐하게 내려 잘 대접했다.

그런 후, 문무 3품 이상의 관리들을 선정전에 모두 모이게 한 후 아홉 성을 돌려 주는 문제를 안건으로 내놓았다.

"지금 여진의 사자들이 와서 우리가 쌓은 아홉 성을 돌려 달라고 애원하고 있소. 그러면 장차 조공을 바치며 절대로 우리를 넘보

지 않겠다는 것이오. 여러분 의견은 어떤지 모두 기탄 없이 자기 의사를 얘기해 주기 바라오."

예종이 먼저 주의제에 관한 배경 설명을 했다.

그러자 처음에는 눈치를 보던 대신들은 한 사람이 말문을 트자 너나 없이 발언하기 시작했다.

"누구나 전쟁은 싫어합니다. 전쟁 없는 평화로운 세상에서 살아가기를 사람들은 모두 바라고 있습니다. 그런데 우리는 2년 가까이 전쟁을 하여 많은 희생자를 내고 있습니다. 뿐만 아니라 농사 지을 수 있는 젊은이들이 모두 전쟁터로 나갔기 때문에 농사 짓기가 여간 어려운 게 아닙니다. 그러니 저들이 빌고 들어왔을 때 못 이기는 체하고 청을 들어 주심이 옳다고 봅니다."

"신도 같은 의견입니다. 우리는 몇백 리를 빼앗아 아홉 성을 쌓았다고 하나 아직도 저들은 가끔씩 쳐들어오고 있습니다. 이는 적을 완전히 이기지 못한 탓입니다. 언젠가 적은 또 힘을 모아 쳐들어올 것입니다. 그들은 원수를 갚기 위해 더 거칠게 나올 것입니다. 그러면 우리의 희생도 그만큼 커지게 됩니다. 폐하, 자식을 잃거나 남편과 어버이를 잃은 가족의 슬픔을 생각해 보십시오. 우리는 전쟁에 나가 전사한 가장이 많습니다. 이런 점을 생각하시어 이번에는 단단히 다짐을 받고 강화하심이 좋겠습니다."

"저들에게 피로 쌓은 아홉 성을 돌려 준다는 것은 그들을 이롭게 하는 행위입니다. 우리의 힘을 저들에게 과시할 때만 평화가 온

다고 생각합니다. 만일 아홉 성을 돌려 주신다면 저들은 또 머지 않아 의기가 양양해 국경을 넘보고 괴롭힐 것입니다. 그러니 아홉 성을 절대로 돌려 줘서는 안 됩니다."
젊은 관리가 분함을 참지 못하고 큰 목소리로 말했다.
하지만 대부분이 화친해야 된다는 말들을 했다.
"당초에 여진족들이 사는 지방은 병목(병의 잘록한 부분) 같은 지형이라 그 곳만 점령하면 여진족의 교통로가 폐쇄되므로 그들에 관한 근심은 영원히 없어지리라고 생각했습니다. 하지만 점령하고 보니 육로와 수로는 어디든 다 통하게 돼 있어 우리의 생각이 크게 빗나갔습니다. 그리고 저들은 자기들의 터전을 잃고 그것을 되찾기 위해 우리를 괴롭혔습니다. 우리의 성들이 튼튼하여 좀체로 함락되지는 않으나 전투와 방어에서 우리 병력의 손실도 많았습니다. 그러니 강화를 맺음이 옳을 것 같습니다."
"우리가 차지한 땅에 새로 쌓은 성의 거리가 너무 멀어 어려움이 많다고 합니다. 오가는 길이 험해 적들이 깊은 골짜기나 우거진 수목 사이에 숨었다가 왕래하는 백성들을 약탈하니 그 피해 또한 크다고 합니다."
"뿐만이 아닙니다. 국가에서도 군사 훈련에 비용이 많이 들어 중앙과 지방이 소란할 뿐만 아니라 기근과 유행병이 겹쳐서 백성들의 원망이 높아지고 있으니 아홉 성을 돌려 줌이 좋겠습니다."
화친하고자 하는 대부분의 관리들은 윤관의 잘못을 은근히 지적

하려고 하며 여진족 사자의 말을 들어 주어야 한다고 벌떼같이 일어나 주장했다.

주전파도 강력하게 반대했다. 하지만 숫자에서 화친파를 당할 수는 없었다.

"그대들의 의견을 들으니 화친하자는 쪽이 대부분이오. 짐도 아깝기는 하지만 여러분의 의견을 따르기로 하겠소. 여진과 강화하기로 하겠소."

예종은 여진족 사자를 불러 아홉 성을 돌려 줄 것을 약속하였다.

그 소식은 함주에 머무르고 있는 윤관에게도 전해졌다.

"분하고 원통하도다! 힘들게 되찾은 우리 조상 고구려의 옛땅을 다시 돌려 주다니……!"

윤관은 실성한 사람처럼 멍하니 하늘을 우러러보았다. 그러다가 이내 두 줄기 뜨거운 눈물을 흘렸다.

하지만 할 수 없는 일이었다. 임금의 명령이니 듣지 않을 수가 없었다.

윤관은 최홍정과 문관을 여진 추장 거외이에게 보냈다.

"만일 너희들이 아홉 성을 되돌려 받고 싶다면 전에 약속한 대로 하늘에 맹세하라."

윤관의 명령에 거외이는 함주성 밖에 큰 제단을 만들고 하늘에 맹세하였다.

"지금부터 자손 대대에 이르기까지 나쁜 마음을 갖지 않을 것이

며 해마다 조공을 올릴 것이니 만일 이 맹세를 저버리면 여진땅이 멸망하리다."

윤관은 이 맹세를 받고 철수를 시작했다. 군사는 물론 이주한 백성들도 차근차근 철수했다.

그렇게 해서 아홉 성에는 다시 여진족들이 살게 되었다.

16. 외롭게 지는 별

　아홉 성을 돌려 주고 철수하기로 결정되자 윤관을 시기하거나 화친을 주장하던 사람들은 벌떼같이 일어났다.
　평장사 최홍사, 참지정사 임의, 추밀원사 이근 등은 선정전으로 들어가서 예종에게 강력하게 말했다.
"윤관은 쓸데없이 군사를 일으켜 국가와 백성에게 누를 끼쳤으니 마땅히 처벌해야 합니다."
"옳습니다. 아홉 성을 쌓았다고는 하지만 지금 철수하면 결국 군사를 일으키기 전이나 달라진 게 없습니다. 오히려 여진족에게 복수심만 길러 놓은 셈입니다. 그러니 윤관과 오연총은 패장으로 책임을 져야 합니다."
"화친을 맺어 군대가 철군하여 빼앗은 땅을 모두 돌려 주니 결국은 패전한 거나 마찬가지입니다. 그 동안의 무고한 젊은이를 군사로 차출해 생명을 바치게 하거니 피를 흘리게 한 책임 또한 무겁다 하겠습니다. 전쟁을 오래 끌어서 피폐하게 한 윤관과 오연총을 벌 주심이 마땅합니다."

최계방, 이위, 김경용 등도 들고 일어나 아우성을 쳤다. 그들은 좋은 기회를 잡았다고 생각한 것이다.
　이 기회에 윤관 등 출정파의 세력을 완전히 꺾어 놓기로 작정한 것이다.
　화친파들의 부추김을 받은 간관 이재, 김연도 강력하게 상소했다.
　"폐하, 윤관, 오연총 등은 명분 없는 군사를 공연히 일으켜 싸움에 패하고 나라를 해롭게 하니 그 죄는 용서할 수 없는 것입니다. 그러므로 그들을 사형시키시기 바랍니다."
　그러나 예종은 윤관의 공훈을 잘 알고 있었다.
　"윤관과 오연총 두 원수는 자기네 맘대로 군사를 움직인 게 아니야. 두 원수는 내 명령을 받고 군사를 움직였소. 그리고 전쟁에는 이기는 수도 있고, 지는 수도 있는 것이니 어찌 죄가 되겠소?"
　예종은 두 간관에게 되물으며 벌 줄 뜻이 없음을 분명히 했다.
　그래도 화친파들은 여기저기서 들고 일어났다.
　왕이었지만 강력한 힘을 발휘하지 못하던 예종은 고민이었다. 그래서 할 수 없이 승선 심후를 보내어 윤관과 오연총이 돌아오는 중간에서 부월을 회수케 하였다.
　"아니, 세상이 이렇게 달라졌단 말이냐? 목숨 걸고 여진족을 물리치고 쌓은 아홉 성을 돌려 주라고 한 사람들이 누군데……. 이제는 그 자들이 우리를 패장으로 몰다니……."

"아니, 이럴 수가······."

윤관과 오연총은 분했지만 어쩔 수가 없었다.

그래서 윤관과 오연총은 왕에게 보고도 못 하고 각자 자기 집으로 돌아갔다.

그 후에도 재상과 간관이 계속 패전한 죄를 추궁해야 된다고 예종에게 요청했다.

그러나 예종은 끝내 그들의 말을 들어 주지 않았다.

그랬더니 재상들과 간관들은 모두 집으로 돌아가 버리고 수십 일 동안이나 직무를 보지 않았다.

지금 생각하면 신하들이 왕의 허락없이 나라의 일을 보지 않고 집에 가 관청에 나오지 않는 일은 있을 수 없는 일이다. 하지만 그 당시는 관리들의 일반적이고도 공통적인 의견에 왕이 따르지 않으면 그렇게 할 수 있게 제도적으로 돼 있었다. 이는 왕권의 독주를 막기위해 선택했던 제도였다.

이에 예종도 할 수 없이 가까운 신하를 보내어 이들을 달랬다. 그와 동시에 윤관과 오연총을 처벌하기에 이르렀다.

"윤관과 오연총의 관직을 삭탈하고 공신의 칭호를 삭제하라."

예종의 속마음은 그게 아니었지만 어쩔 수가 없었다.

벌을 내린 예종은 윤관 등의 공훈을 너무도 잘 알고 있어 괴로웠다. 그래서 예종은 한 6개월쯤 뒤인 1110년(예종 5년) 12월에 윤관과 오연총을 복직시켰다.

"윤관을 수태보 문하시중판 병부사 상주국 감수국사에 (수상) 복직시키고, 오연총은 중서시랑평장사 판삼사사에 복직시킴을 명하노라."

이에 윤관과 오연총은 글을 올려 사양하였다.

예종은 두 사람의 사양함을 허락지 않고 오히려 위로하며 다음과 같은 말을 해 주었다.

"내가 듣기로는 옛날, 한나라의 이광리가 대완국을 정벌할 때에 겨우 말 30필을 노획하여 왔다고 하오. 그러나 한나라 무제는 그가 만 리나 되는 먼 곳을 정벌한 것이기 때문에 그의 잘못을 문제 삼지 않았다오. 또 진탕이 질지를 베었을 때에 임금의 명령 없이 독단적으로 군사 행동을 하였으나 한나라 선제는 그가 나라의 위엄을 오랑캐에 떨쳤다 하여 그를 제후로 봉한 일도 있소. 그대가 여진을 정벌한 것은 돌아가신 부왕의 뜻을 받든 것이요, 나의 의사를 본받은 것이오. 그대 목숨까지 내걸고 적진 깊숙이 쳐들어가서 적을 무찔렀고 포로로 잡은 숫자도 일일이 계산할 수 없으리만큼 많았소. 또 수백 리의 국토를 넓히고 아홉 성을 쌓아 국가의 오랜 치욕을 갚았으니 그대의 공로야말로 크다고 하겠소. 그런데 오랑캐란 겉은 사람과 같으나 마음은 짐승과 같아 배반하고 복종하는 것을 예측할 수 없소. 하지만 그들의 남은 무리들은 의지할 곳이 없게 된 까닭에 추장이 항복을 하고 강화를 청하여 여러 신하들이 모두 이것을 편리하게 여기고 나도 또한 차마 반대하지 못하여 마침내 그 땅을 돌려 주었던 것이오. 그런데 주관 부서 관원들이 법을 고수하고 탄핵하는 바람에 어쩔 수 없이 그대의 관직을 삭탈하였으나 나는 어디까지나 경이 잘못한 것이라고는 여기지 않아 이제 다시 믿고 맡기는 것이오. 이제 내가 그대에게 준 관직은 그대가 과거에 받았던 관직인데 어찌 사양하시오? 마땅히 내 마음을 받아들여 빨리 관직에 나오기 바라오."
윤관은 그 말을 듣고 재차 사양하였다.
"폐하, 성은이 망극하오나 신은 덕이 부족하여 그 직을 해낼 수가 없나이다."
윤관은 자리를 생각해 주는 임금의 고마운 마음씨에 감격하여 눈물을 흘렸다. 하지만 몸도 마음도 지쳐 있었기 때문에 그 관직을 받아들이고 싶지 않았다.
"윤공이 정 그렇다 해도 이건 내 명령이오. 내가 내리는 관직을 받아들이시오."
예종도 물러서지 않았다.
윤관은 모함에서 겨우 벗어났으나 불운은 계속 닥쳐 왔다.
이듬해인 1111년(예종 6년) 5월 8일에 윤관은 조용히 눈을 감아 저 세상 사람이 되고 말았다.
예종은 그의 공적을 높이 사 문경공이라는 시호를 내렸다가, 후에 문숙공으로 고쳤다.
인종 8년인 1130년에 공신으로서 예종 묘정에 배향되었다.

묘정 배향이란 공로 있는 신하가 죽은 뒤에 역대 제왕의 위패를 모시는 왕가의 사당에 위패가 모셔지는 것을 말한다.

이것은 신하로서는 최고의 영광인 것이다.

윤관은 7남을 두었는데 이들 또한 상당한 지위에 올라 가문을 더욱 빛냈다.

셋째 아들인 윤언식과 넷째 아들인 윤언이는 재상의 지위에 올랐고, 이들의 형인 윤언순은 종5품의 벼슬인 시어사와 남원부사를 지냈으며, 그 동생인 윤언민은 정5품의 벼슬인 시공부랑중을 지냈다.

그리고 아들 중 2명은 머리를 깎고 중이 되었다.